日本人移民はこうして「カナダ人」になった

『日刊民衆』を武器とした日本人ネットワーク

田村紀雄 著

芙蓉書房出版

序にかえて

朝日新聞記者であった鈴木悦と作家・田村俊子はそれぞれパートナーをすてて大正八年（一九一九年）、カナダ・バンクーバーに渡る。当時リトルトウキョウとよばれたパウエル街にあった『大陸日報』の記者として招かれるかたちであった。ここで、まもなくロシア革命の影響をうけた労働運動の高揚にぶつかり、白人・日本人を巻き込んだ組合運動の燎原の火に直面する。当初、『大陸日報』紙上で彼等を応援する。やがて日本人の最大の職場であった伐採、パルプ、製材という森林労働者（ウオッビーとかロッガーとカナダ社会では自称して団結を誇った）、一千人余を組織する「日本人キャンプ・ミル労組」がうまれ、それを指導する立場を余儀なくされる。

鈴木は組合顧問、機関紙『労働週報』の編集を手伝う。組合が労働運動の上部団体「カナダ労働会議」（ＴＬＣ）に念願かなって加入するに及んで、組合名を「キャンプ・ミル労組ローカル31」と改称、機関紙から一般紙の体裁をとる『日刊民衆』創刊に踏み切り、その編集長として専任になる。

以降、労働者の権利、生活改善、女性の地位向上、また、あらゆる差別、偏見と白人労働者と提携して戦い、バンクーバー最大の組合の一つに育て上げる。日本人や森林労働者がもっとも安定した十数年であった。しかし、鈴木は、昭和八年（一九三三年）病をえて、妻の田村俊子をのこして、一時帰国、治療を進める間、死去した。

労働者の運動目標は多面的であった。むろんその第一は賃金引き上げである。不況時には逆に賃下げや首切りが日常化していた。一九三四年の好況期に「最低賃金制」を引っ提げてカナダのロッガー（森林労働者）が団結したとき、ブローデル・キャンプの争議がはじまった。ストは百日間つづき、六〇％の賃上げ、キャンプ委員会の承認、最低賃金制が実現した。

この運動、左翼の指導するキャンプ委員会（工場委員会）が牛耳っていたこと、鈴木悦が死去した直後であったことから、「ローカル31」はほぼ蚊帳の外であった。それよりも、カナダ初の「最低賃金制」には、アジア系、先住民に二五％低い賃金を設定してもよいとする労資の合意が含まれていた。人種による賃金差別を制度化したのである。この差別は以降、日本人労働者の誇りを傷つけ、経済的要求とともに、主要な民主的権利の運動目標になったが、戦前はついに撤廃にいたらなかった。

運動と、『日刊民衆』の発行は、鈴木の教え子・梅月高市と、「ローカル31」のロッガーにゆだねられ、カナダの日本人の民主的言論として多くの功績をあげる。鈴木亡きあとは、ほとんど学歴らしいものはない労働者が新聞経営を支え、組合の上部団体であるＴＬＣの会議で英語で渡り合い、政府と交渉して、日本人の生活と権利のために奮闘した。

しかし、昭和一六年（一九四一年）の日米開戦により発行禁止、労組もパウエル街の日本町も解体、すべての日本人が内陸部へ拡散・移動を強制される。エクソダスとしての厳しい日本人の運命がはじまる。戦時下、森の男たちの『日刊民衆』で培った組織力や同志愛により、結束と活動を崩さずこの運命を切り開くことになる。

大半の日本人ロッガーたちは、戦前、戦時を通じて、カナダ社会に「同化」し、そこで子供たちをそだて、日本人のコミュニティを全カナダにひろげ、「日本人」への信頼を確かなものにした。広いカナダで多くみつもっても三万人そこそこの人員であったが、この信頼をなしとげたのはなにか。ロッガーひとりひとりの日本人としての誇り、努力、日本文化への背骨があったからだ。日本文化のなかで、なによりも勤勉性、清潔感、公正さ、不屈さ、人への優しさなどがカナダ社会から敬意をもって認識されたのである。

また、本書に登場する主要な人物は、鈴木悦、田村俊子夫妻らごく少数の人を除いて、大半が日本からの移民労働者であり、旧制の中学を学んだひともきわめて少数である。しかしながら、労働運動という運動のなかで、学び、『日刊民衆』の編集、配布、広告取り、経営をつうじて団結、友情、思いやり、知識さらには、文章の書き方、そろばん、契約、交渉などの方法論も身に着けたのである。ロッガーの女房たちの自立、自覚、職業上の成長、文学や社会的学習は、家父長制等で虐げられていた日本国内では絶対に獲得できなかった資質であった。

さいごに本書の資料の土台となったのは、これら日本人・カナダ人労働者の手紙、新聞記事、聞き書き等の第一次資料で、これまで世に知られていないものである。ことに、力説しておきたい点は、梅月高市の資料である。かれの一九三二年以来の個人日誌は、開戦、『日刊民衆』の発行禁止処分、「キャンプ・ミル労組ローカル31」の解体を最後まで見届けて記録したものである。第一級の基本資料であろう。日本人町であるパウエル街から百人、二百人と退去させられて、「東へ、東へ」とあゆんでゆく光景を最後までみとどけたものである。

一千人余の組合員とその数千人の家族が、カナダ大陸を横切る「東へ」のあゆみは、旧約聖書でいう脱エジプトの離郷の民であるエクソドスではあった。だが、日本人は「森の男」として、拳をかかげ、胸をはったあゆみであった。

日本人移民はこうして「カナダ人」になった●目次

カナダBC州西海岸の主な木材関連産業の日本人労働者キャンプ

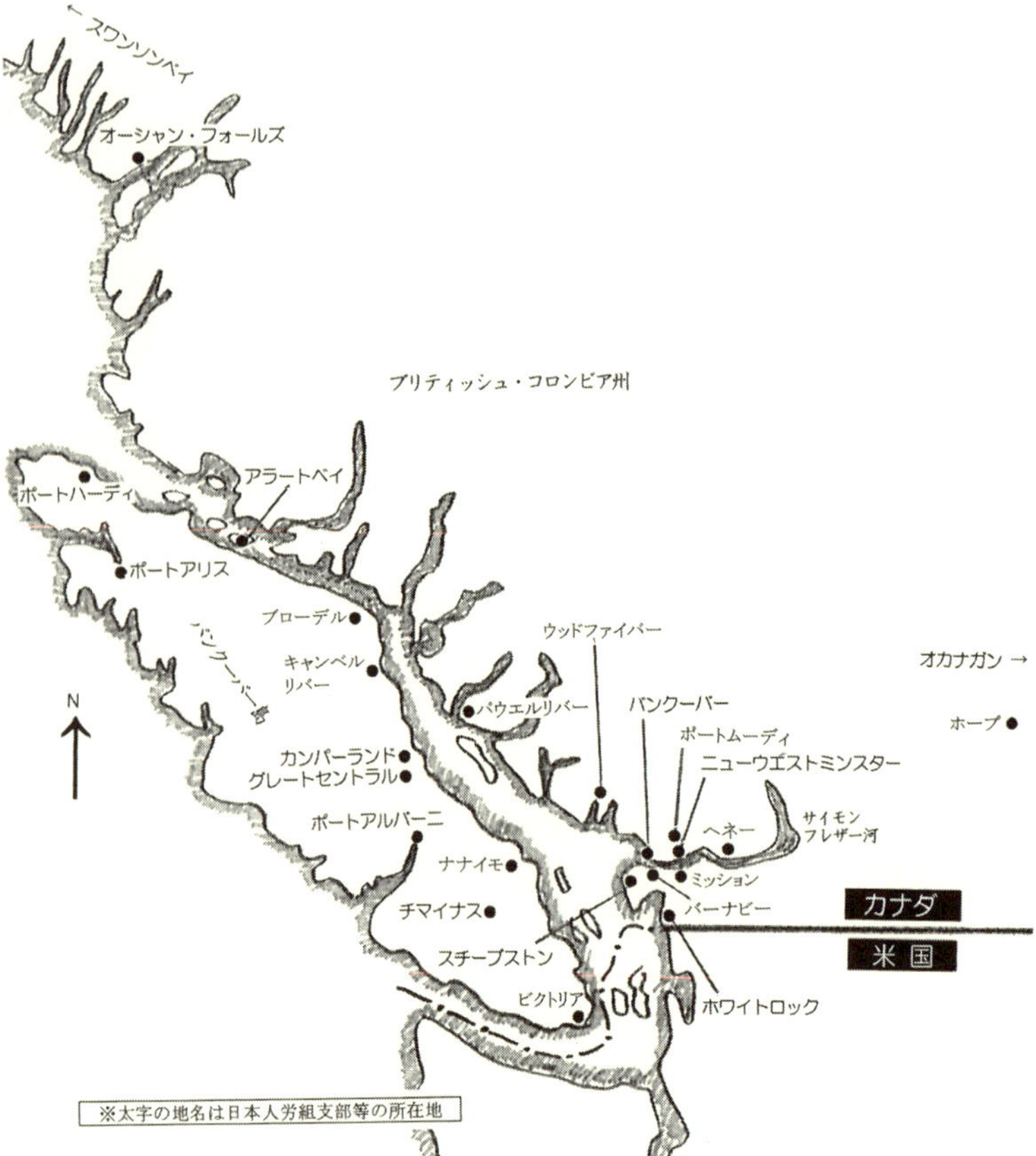

第1章　『日刊民衆』の鉱脈を掘り当てる

日本人ランバージャックの遺品

森林の国、カナダ、古くから森林労働者はウオッッビー、ランバージャック、ロッガーなどとよばれ、人々、とくに子供たちから畏敬と羨望をあつめ、また団結を誇ってきた。カナダへ渡った日本人の多くも早くから、この「森のおとこ」たちの仲間入りをして、カナダ労働運動の強固な一翼を担った。その団結のシンボルが小さな日刊新聞『日刊民衆』であり、ふたりの人物、鈴木悦と、かれを継いだ梅月高市であった。それは正式名「日本人キャンプ・ミル労働組合ローカル31」として、一千名以上の日本人ロッガーが加入し、「カナダ労働組合会議」（ＴＬＣ）の下級組織メンバーだった。ＢＣ（ブリティッシュ・コロンビア）州で最大・最強をほこり、白人をふくむ労働運動に影響をあたえていた。

かれらが、ほとんど日本に知られてこなかったのは、戦争によって、『日刊民衆』をふくむ、運動の遺産のことごとくが、消滅していたからである。

この物語の主人公のひとり梅月高市の妻・千代との出会い、それも不思議な巡り合わせが、私の研究のはじまりである。戦争という国家間の不幸で、たしかに日本人はすべて永年の生業の地、晩市（バンクーバー）周辺から追い立てられ、仕事を奪われるなどの迫害をうけた。だが、この物語を執筆してゆくうちに、ＴＬＣ指導部や知識人、国会議員のうちには、身体をはって日本人をまもり抜いた白人のいたこともわかった事実であった。

すべてのカナダの白人がアンフェアであったわけでなかったということの事実は重い。これらは、いずれ本書で語られてゆくことになる。

梅月高市は、二度結婚している。最初の妻・千代が病気で没すると、梅月の親友であり、労働運動の同志であった露木正夫の未亡人・千代と再婚する。ふたりとも「千代」である。四人は友人であり、梅月が鈴木悦に請われて役員になる「キャンプ・ミル労組ローカル31」の活動家であり、梅月が編集に全身全霊を注いだ『日刊民衆』とその後継紙『ニュー・カナディアン』の協力者であった。縁は不思議なものである。

梅月高市の最初の妻、増井千代は東京・神田の出身、祖父は丸亀藩士である。昭和五年（一九三〇年）、二十六歳のとき六歳年長の高市と結婚している。三十二歳の高市は製材工場で肉体労働をしていたという。カナダへわたって十二年が過ぎ、英語での日常生活にも不便がなくなっていたが、外国人である日本人にホワイトカラーの仕事はなかった。

私が面会を約した千代さんは、初代千代の没後、戦後ともにカナダに帰化していた高市とトロントで再婚した。高市の没後、千代はダウンタウンに店をもち、洋裁を手仕事に生計をたてていたが、腕をかわれてハイクラスの白人婦人に顧客をもっていたという。

千代亡きあと、自宅はそのままであり、高市が残した膨大な資料はそっくりそのままであった。しかし、私は天賦のよいチャンスに訪れたと思う。遺された子供たちは、日系二世のカナダ人だが、だれひとり日本語が読めないため、これらの資料はゴミとして焼却される寸前であった。床に積まれたこの「ゴミ」を焼却したあと家屋を処分する相談をしていたのである。私はこの時、約一ヵ月間かけて、それらに目をとおした。しかし、到底読み終えることはできず、「ゴミ」を袋に詰めて日本へ持ち帰った。家はその直後売却された。それからも、三十年になんなんとする日時がすぎたのである。

梅月高市が、その八十三年の生涯において、カナダへ渡る以前の二十歳前の仕事をのぞいて関係したほぼすべての団体、活動の公的記録が含まれていた。また、梅月高市の日誌、重要な書簡も、初めて第三者の私の読むところとなった。個人の記録というだけでなく、カナダに渡り生活した全日本人の権利、経済、文化、社会活動の全般にわたる基本的資料であった。なぜなら、かれの六十数年のカナダでの人生は、ここで生活し、戦った日本人の重要な期間だったし、かれが、その情報ネットワークのハブの部分につねに関係していたためである。

六十年間の新聞、日誌、往復書簡、組合議事録、公文書のヤマ

私は、これほどの無垢の資料のヤマをみたことはない。フィールド・ワークを重視するこれまでの研究で、農家や行政機関に積み上げられた未公開の資料にはなんどか出くわしている。

しかし、だいたい何世紀にもわたってその村に生活していた農家の納屋である場合が多い。しかし、カナダの日本人は、太平洋戦争勃発とともに、政府によって、封鎖され、各地の収容所へ閉じ込められ、あげくのはて、カナダの大平原を横切って、太平洋沿岸からトロント、さらには大西洋岸のノヴァ・スコティア州やプリンス・エドワード・アイランド州まで、ちりじりばらばらに撒かれてしまった「ディアスポラ」民族そのものである。

移動にあたっては、携帯する荷物の個数を制限され、なんども転出をよぎなくされた人々だった。個人の手紙、写真、財産記録さえ喪失した家族が多い。

梅月高市の資料は、まさしく、カナダの日本人の歴史、その戦時下の生活、カナダ政府の移民政策、カナダの労働運動などを研究するものにとって垂涎のまとになる宝物であった。とくに、『日刊民衆』や「ローカル31」の姿を世に出す金脈だ。私は、これを分析するには、数十年の年月、莫大な研究資源や経費、繊細な注意力や経験・理論・知識、組織力が必要であると判断した。制約のあるカナダ滞在だけでは不十分と考え、巨額の経費と人手をかけて日本へ移送した。

梅月文書が散逸せず、集中的に大量に保存されていたのには、梅月夫婦の考えもあったが、偶然もあった。梅月の考えのひとつに、カナダ日本人の尊敬を一手にあつめていた鈴木悦の評伝をいつかまとめたいという思いがあった。これについては、エピソードがある。太平洋戦争の開戦を機に、新聞『日刊民衆』の「休刊」を、発行母体の労組である「ローカル31」執行部が決めた。「休刊」はいつの日にか復刊をするという思いがこめられている。労組の機能はそのまま維持することにしていた。前述のように正式名は「日本人キャンプ・ミル労組」で、山林伐採、筏搬送、製材、屋根板加工、チップ・パルプ・製紙と木材産業を上流から川下まで縦断する、日本人労働運動最大、カナダでも指折りの組合の略称である。

この執行部の決定はやがて大きな意味をもつ。日本人が長年培ってきた生業や生活の基盤を壊され、家族からさえ切り離されて、ばらばらに全カナダへまき散らされていったとき、「ローカル31」の絆が効果的に働いたのである。

『日刊民衆』やその他の日本語新聞が強制発行停止を受けたことは、カナダ政府におもわぬ問題を突き付けることになった。ブリティッシュ・コロンビア（ＢＣ）州全体に散らばって働いていた日本人労働者や農民、ときに都市の日本人コミュニティ、日本町、漁村、鉱山の社宅、鉄道の保線区などにいる日本人に政府の布告、指示、命令が伝わらなくなってしまったのだ。なぜなら、日本人一世の多数は英語が不自由で、まったく解さないものも珍しくなかった。かれらは、日本語新聞を通じて、またこれを読んでいる同胞をとおして、世の中の変化を知った。開戦まで発行されていた日本語新聞は日刊三紙があったが、『日刊民衆』を除いて、極端に軍国主義的な紙面になっていた。それは、日本国内でファシズム傾向が強まった昭和十年前後からである。それまでは、記事の品質を別にすると、客観的な報道が支配的だった。

カナダもアメリカ同様に移民の国、多言語の新聞が発行されていたため政府や治安機関はその英語訳に多大な出費をせまられていた。憲法や民主主義の伝統から、記事を理由に治安上の発行停止はできなかったが、戦争となれば別である。カナダは、表向きには『日刊民衆』などの発禁を人種上の根拠という立場をとっていない。したがって、日系二世の発行していた英語新聞『ニュー・カナディアン』には発行の継続を認めていた。

『ニュー・カナディアン』は、一九三八年十一月、開戦の三年前に創刊され、開戦時の編集長はトーマス・ショーヤマである。かれはのちにカナダ政府の次官になっている。カナダ政府はこの『ニュー・カナディアン』に目をつけ、厳重な「事前検閲」のもとに日本語ページをつけさせて、日本語情報の空洞化を補完させることにした。この日本語ページのデスクに梅月高市を任命したのである。これは、労働運動の新聞ではないし、梅月高市の役目もかわる。それでも、日本人は戦後梅月が没するまで「民衆の梅月さん」と呼びならわしつづけていた。

「ローカル31」の派閥抗争の遺物も

『日刊民衆』の編集者・梅月高市に課せられたもうひとつの任務が、労組「ローカル31」の一千名余の記録の散逸を防ぎ、保持することだった。「ローカル31」というのは、北米の労組が、その上部団体の全国区組合から、チャーターとよばれる加盟証を支給されたというあかしで、梅月高市らにとって誇りであった。

「ローカル31」は、一九一九年に「加奈陀日本人山林労組」として発足、ついで一九二〇年、木材産業の川下の製材所の労働者も吸収して「加奈陀日本人労組」に改称、鈴木悦が顧問になった。かれらの目標のひとつが賃金はもちろん、あらゆる分野で白人との差別が激しい地位・権利の差別を撤回させることであった。そのためには、白人の労組に加入することだと考えた。

白人の労働運動は公務員、ホワイトカラー、専門職業ごとに組織され、いずれも日本人の加入を認めなかったし、職業そのものが、日本人に閉ざされていた。大工、電気工、船員、鉄道員などは熟練労働者の組合であり、熟練労働者の職場は日本人には開放されていなかった。

日本人の就業できるところは、山林伐採（キャンプ）、丸太を下流まで運搬する筏流し、木材製造の製材所など危険で季節的な非熟練労働にかぎられていた。当初は、これらの作業の機械操作の部分からは排除されていた。これ以外は、やはり３Ｋ（危険ほか）の雇農、漁船、水産加工、鉄道保線、炭鉱など、あとは庭園、家事、店員などの個人雇用にかぎられていた。

産業としては、木材産業が最大であった。「加奈陀日本人労組」は、白人社会や白人労働者からの差別待遇を打ち破るには、白人の労働運動と足並みをそろえる必要があると考え、再三再四、バンクーバー地区の「労組会議（ＶＴＬＣ）」への加盟を求めた。一九二七年になってやっと正式加盟がみとめられ、これを機に、組合名をカナダらしく「キャンプ（山林伐採）・ミル（製材）労組ローカル31」、通称「ローカル31」に改めた。

ＶＴＬＣの会議には、「ローカル31」の幹部も出席していたが、学歴のない労働者が堂々と英語で発言していたことが議事録にのこっている。その労働者のひとりは、英語が一番下手なのは、大学の英文科出身の鈴木悦で、日本人はかれの英語の演説を聞いたことがない、とのべている。事実はわからない。

ＶＴＬＣへの加盟をチャンスに、組合員も、機関紙『日刊民衆』の読者もおおいに増大した。このあたりまで、アメリカの労働運動と似ている。しかし社会はいくぶん異なる。アメリカは社会主義に厳しく、国民もアカ嫌いである。ところが、カナダはイギリス連邦にいちおう属しているためもあり、社会主義にあまい。イギリス流の労働党もあり、梅月高市ら「キャンプ・ミル労組」の組合員多数が入党していた。当然、カナダ共産党のメンバーも支持者もいた。

このため、組合内の派閥抗争・内紛も絶えず、労働党系の梅月高市ら本部派は、少数の左派を除名したりしたが、それでも組合内には執拗な左派反対派が残った。あるとき、私はその一人にインタービューした。するとかれは開口いちばん、「労組の資産をうけとったそうだが、どう使ったか」と私を追及してきた。これには驚いた。

開戦で『日刊民衆』の発行は中止したが、組合組織は解体せず、残すことを決めたことはすでに述べた。この組織は戦後「鈴木会」と改称して、文書、資産を受け継いでいた。梅月高市なきあと、最後に幹事をひきついでいた沖広浩一郎が、資産の一部を私に引き渡し、「鈴木会」の解散を日本語新聞に公表していた。

沖広さんにしてみれば、これで肩の荷がおりたと感じたかもしれない。沖広さんには、私に会ったあと、しかるべき旧執行部のひとと相談したのかも知れない、資産は日系人コミュニティの団体等に分割して寄付され、その残金の一部四百カナダドル（当時で四万円ほど）が人を介して目録、それも口頭で届いたのは事実である。キャッシュを手にすることはなかったが、私は、それを、梅月高市関連の文書の整理、日本への発送の費用の一部に使用した。そのことを、のちに、自著『鈴木悦―日本とカナダを結んだジャーナリスト―』（リブロポート出版）のあとがきで明らかにした。そうでないととんでもない多額の資産を受け取ったことになりかねない。セクト争いのとばっちりをうけてもかなわない。

バンクーバーの日本町

戦前のカナダ在住日本人の九割以上はカナダ西端の州、ブリティシュ・コロンビア（ＢＣ）州に住んでいた。それほど、カナディアン・ロッキーは高い障碍であった。それは、たんに地質学上の高さというよりも、ロッキー山脈を越えては、ほとんどの州で日本人が生業を営む条件に欠けていた。

アメリカならば、ロッキー山脈のさきにユタ州やコロラド州の鉱山や鉄道の仕事が待っていた。さらにその先には、五大湖周辺の工業都市やセントルイス、シカゴなどの人口密集地が形成されていて、アジアからの貧しい青年が潜り込める隙間はあった。

しかしカナダは、ロッキーの東は人口希薄な大草原の州、アルバータや、サスカチュワン、マニトバといった先住民が多く、日本人の働く条件は小さかった。トロント、モントリオールは気がとおくなるほど遠方にかんじられた。だいいち、カナダ横断鉄道をめざすＣＰＲ（カナディアン・パシフィック鉄道）が設立されたのは、一八八一年（明治十四年）、東西から延長してきた鉄道がロッキー山脈で接続したのが、それから四年後の一八八五年（明治十八年）十一月、前後してカナダ国鉄（ＣＮＲ）も競って二つの海洋を結びつけた。

日本からヨーロッパへの最短距離は、この鉄道をつかっての大西洋越えであったし、ポーツマスでの日露会談へ向けた交渉の日本全権代表団もこのルートで出席した。

だが、バンクーバーに集積する日本人がこのルートに乗って五大湖や大西洋岸の諸都市に、勉学やビジネスで向かうのは経費的にむりだった。のちに航空路線やホテル業まで含めたコングロマリットとなったCPRは、鉄道のつぎは、太平洋航路の汽船に資本を投じ、おなじ英領の香港まで交易をのばしていたから、西日本の移民労働者は、この海の道をつかってカナダへ到着したケースもある。バンクーバーには、福岡県出身の人が経営する安宿が何軒もあったが、梅月は、カナダ到着後すぐ『大陸日報』社の「宿舎」にゆくことになる。

梅月高市も、戸籍謄本によると、父・圓治、母・カメの長男として、明治三十一年二月十日、福岡県築上郡角田村（現・宇島市を経て豊前市）に生まれている。福岡県といっても、大分県境にある周防灘に面した村だ。カメは高市が生まれた翌年、離婚、同じ村の実家に戻っている。事情はわからない。実弟は峰吉ほか七人の男子の兄弟。カメの後妻になるイシは結局・峰吉と小倉に出て終生ともに暮らす。この次弟が、高市出国のあと、事実上「本家」として梅月家の兄弟の相談相手になったとのちに高市は書いている。

梅月高市の兄弟は全員男子で七人という子だくさんの家庭、ほとんどが生まれた村をはなれて生活をつくったようだ。村を離れるということは、周防灘に沿った国鉄日豊本線で北上、小倉、門司、下関の工業地帯に向かうか、途中から支線にのりかえ、田川、直方の筑豊炭田に仕事を求めるかである。大阪、神戸方面に家庭を築いた、十八歳年下の光夫もそのひとり。

梅月高市少年、『門司日報』でアルバイト

関門海峡へ辿り着いた高市は、『門司日報』でアルバイトの口にありつく。これも、高市がカナダにわたるための準備だった。新聞社の工場の経験をつんでおきたいと考え、社長の毛里保太郎に直談判した。毛里は、『門司日報』を興した地元企業人のまねきで静岡からやってきて、記者として働き、やがて門司の重要産業である海運と石炭の記事で名をはせた。梅月が訪ねたころは社長だった。

毛里は、活字のことを学びたいという梅月の希望をすぐ受け入れて、文選工の見習いのようなことをさせた。活字の基礎知識はすぐ覚えたようだ。学歴はなかったが、村では村役場の書記のしごともしてきており、知識欲も旺盛で、短い門司での生活であったが、市内の英語塾にも足をはこんでいる。新聞社では「こどもさん」とか「原稿係」とよばれた編集部内の雑用係もいる。新聞配達もさせられたかもしれない。これが、生涯、ジャーナリストの道を歩むことになる第一歩だった。高市の兄弟、甥・姪の多くが北九州周辺にすむが、かれらとは頻繁に手紙の交流をしたことが資料に残っている。とくに次弟の娘・とし子を溺愛した。

兵隊検査を遁れるためだとすると、十歳代には日本を離れないといけない。渡加したのは十九歳、一九一七年（大正六年）冬である。十二月、神戸から出港した。梅月高市が戦後の一九七二年十一月、社主になる『ニュー・カナディアン』新聞に寄せた「五十五年目にみた古里」によると、五十五年間、戦争をはさんで日本へ帰国していない。前後、これ一回だけの祖国訪問だが、兄弟たちの歓迎会の席上、「長男のくせに、昔流にいえば、責任を回避して家を飛び

出した」ことを詫びると、弟たちは寛大だ。「親父が多少持っていた田畑山林を一代で無くしてしまったのは痛快だ、そのためみんな若いときから『独立』した、と感謝された」と書いている。自立を誇りあう素晴らしい一家だ。また、父親の破産が高市の出奔、父の最初の妻との早い時期での離縁にもつながっていたようだ。

梅月高市は、バンクーバーで発行されていた『大陸日報』社長の山崎寧の呼び寄せの形式をとっていた。実際には、父の従姉にあたる女性が、カナダへすでに移民していた製材業の内山健六と結婚しており、彼女が高市の渡加の手助けをしてくれた。「呼び寄せ」という形式がカナダ政府の許可が取りやすかったからである。山崎は、一九一八年夏、同社の人員補充で日本に出張、鈴木悦を記者にスカウトしたのだが、その半年前に新聞社の「見習い」として梅月を採用したことになる。

梅月高市によると、山崎の「家内使用人」という名目での呼び寄せ、新聞工場での雑用働きだが、門司での経験とあわせて、ジャーナリストとしての基礎的訓練になった。バンクーバーでは二年間ほど、梅月はベテラン記者の長田波韻、永澤六郎、鈴木悦らの仕事ぶりをみながら、新聞作りを学んだ。三人三様の仕事や生活、性格を梅月は書き残している。文語調の長田、現代文に通じた鈴木、本と酒好きの文士風の永澤らの共同で編集は回っていた。山崎は『大陸日報』を経営していたが、記者経験があるわけでないので、いつも日本からベテラン記者をスカウトしてやりくりしていた。

鈴木悦と、その妻となる田村俊子の令名と文章で『大陸日報』はバンクーバーの日本語新聞のなかで最も多い読者を獲得してはいたが、小さな日系コミュニティのこと、経営は楽ではなかった。建て替えで三階建てになった新聞社は、一階をオフィス、編集室、印刷工場に仕切り、二階に応接室と従業員宿舎、三階も宿舎で、外にアパートをかりられない若い従業員や、到着して間もない鈴木・田村夫妻の寝室にあてられた。給料は安いため、住み込み工員よろしく、会社は「宿舎」と食事を現物給付のように提供していた。

梅月高市もここにすんだひとりであった。日本町、ときにリトルトウキョウとよばれた、パウエル街の東西三、四ブロック、南北四、五ブロックに安下宿、飯屋、風呂屋、雑貨屋の並ぶ密集した狭い一帯が日本町だ。『大陸日報』社もそのひとつ。梅月はここで、ぎりぎりの生活を強いられていたが、山崎はそれでも人件費の節約をしなければならなかったとみえ、鈴木夫婦が入社して間もなく、梅月は整理対象となった。

ヘネー・コロニーとの出合い

梅月高市は一九二〇年から一九二四年春まで三年余、バンクーバーを離れて、北方の海岸の鮭漁、製材所などの移動労働者として働き糊口をしのいだ。学卒の経歴はないが、頑強な身体が誇りというのは、当時の若い日本人移民労働者の普通の姿でもあった。そんななか、バンクーバー東方四十キロほどにあるヘネーでの農業に誘われた。ヘネー（日本人は平寧と書いた）での農業入植のアイデアは鈴木も武者小路実篤の「新しき村」的な関心はあったようだ。

というのも、一九〇六年（明治三十九年）、井上次郎という人がヘネーに二十エーカーの土地を購入して「農村ユートピア」開拓の理想を実践していた。日本人指導者が、農業好きな日本人を開拓農民として迎える風習は、サンフランシスコ近郊の「ワカマツ・コロニー」「ヤマト・コロニー」の事例など各地にみられる。会津出身の藩士たちの「ワカマツ・コロニー」は消えてしまったが、「ヤマト・コロニー」は日本人農業地としてその後も経営されている。「ヘネー・コロニー」には、のちのち指導者のひとりとなる山家《やまが》安太郎が共鳴し、梅月も参加したのだ。

移民当初、だれでもそうであるように、郷党の福岡県人会がってになる。そのあとは肉体労働である。てっとり早いのが、雇農か農業労働者だ。バンクーヴァーの東、サイモン・フレザー河の生んだ平地は日本人の農業開拓に格好の地帯で、ポート・コキトラム、ポート・ムーディ、ポート・ハモンドといった村がならんでいた。ヘネーやミッションもそのひとつ。今日でも、バンクーバー周辺やそれより近い米国への食糧供給基地だ。

梅月がヘネーで働いた期間は長くなかったが、そこでの出会いや理想は、かれが逝くまでの六十年間、生きることの絆になった。

このヘネーについてすこし語らねばならない。カナダにかぎらず、移住・移民・留学・出稼ぎのために日本をはなれた日本人の目的は金銭・知識だけではなかった。多少の差はあれ、日本にない「ユートピア」を求めていたはずだ。それが、現地の既存の共同体か、自ら開拓、建設しようとしたコミュニティかは別として、日本にないはずのものであった。あるいは、叶わぬものだった。

ヘネー・ユートピアを創建した井上次郎も、ブラジルに日本人農民のコロニアを建設した力行会の島貫兵太夫も、米国・サンホアキンのコロニー、いずれもキリスト教の求道をもとめた日本人の知識層にぞくする人々だ。井上も「柳蔭」という筆名のもの書きのひとりだったが、日本人に永住の覚悟をもとめて農地を開拓させた。井上の後継者となった山家は一九五三年十月に『ニュー・カナディアン』紙にこう書いている。

「苺百姓の創業当時は、杉の割板で作った低い掘立小屋に住み、英語も日常風俗も解せぬ人々が多く、日本の田舎丸出しの生活だった。その人々に井上氏はじめ有志が手分けして生活改善巡回談義をやり、カナダ人の日常生活風俗、日曜法の説明、道端で立ち小便をしないこと、子供は六歳から義務教育をすること」

いかに日本人の農業者がひどい生活を余儀なくされていたか、その貧困と無自覚、無学が白人社会からの差別を生んだことがわかる。カナダ人のハムトンというキリスト教関係者が日本人子弟の教育のために〈コーナー・ミッション〉を開設したいと、日本人農会所の利用を希望したとき、井上は即座に「九十九年間の無料リース」を申し出た。

ヘネーの人口が五十戸ほどになったとき、井上は「平寧農会」の会則に、「在留国の国風に同化し、生活改善を」と明文化した。カナダ社会からの「異分子」としての排斥に口実をあたえぬためであった。農民と同様、排斥の矢面にたっていた木材労働者が組合を組織した動機と同様であった。そのカギとなる思想は「同化」だ。この用語法には学問上、説明が必要だが、ここでは詳述はさける。

ヘネー農会のユートピア実験

梅月高市の終生の友、アドバイザー、同志、先輩であったひとりがヘネーの山家安太郎だ。北米への日本人移民は、アメリカ側では、一旗あげての「錦旗帰郷」か、学歴に箔をつけての帰朝というものが多かったが、高等教育制度の整っていなかったカナダ側では、ごく普通に「金を稼いで」というものが多かった。これが、現地白人社会からの排撃の理由にもなった。

そこで、現地社会に溶け込む方法のひとつとして、農業に従事してカナダ社会に貢献するという考えがうまれた。そのひとりが山家で、山家はその理想に忠実に生きてカナダに骨をうずめた。梅月の所蔵資料には山家と交換した書簡や『ニュー・カナディアン』に寄稿した文書がじつに多い。それらは、おいおい紹介するとして、山家の生涯のアウトラインを示してみたい。

山家は若い頃バンクーヴァーの東のフレーザー・バレーのヘネーに日本人耕地をひらいたが、第二次大戦で日本人が全カナダにまき散らされたとき、トロントに辿り着いた。高齢になってからは、高齢の日本人のために養老施設「ニッポニア・ホーム」の建設と運営に精魂をこめた。英語のバレーは「谷」と訳されやすいが、ちょっとした「平原」だ。

その「ホーム」を訪ねたとき、『ニッポニア・ホーム21年』を頂いた。すでに山家は故人だったが、この本は山家を顕彰するために生まれたようなもので、かれの活動記録が沖ジャックの手で詳細にしるされている。

山家安太郎は一八八六年広島県豊浜村にうまれ、地元の旧制中学校を卒業後、一九〇七年、二十一歳でシアトルに上陸、米国の「大北鉄道（グレート・ノーザン鉄道）」に就労した。この時期の移民で、旧制中学卒業というのは高い学歴でありステータスであった。山家は、日本人移民は農業に就いて「同化」の方向を示すべきだという井上次郎の日本語新聞への寄稿を読んで、国境を越えてヘネーに移ってきた。大北鉄道はシアトルとバンクーバーを結んでもいたから、仕事で越境したときカナダ側に将来の可能性を見出したのだろう。米加は東西に長い国境を共有していながら、南北を結ぶ鉄路はすくない。西部では唯一である。今日も「アムトラック」（旅客輸送の公営会社）運営の数少ない鉄道だ。

私も、バンクーバーとシアトルの間の国境を越えて何度も往復したが、レンタカー、路線バス、航空機、定期船は利用したが、鉄道利用の記憶はない。現在では観光路線になっており、必ずしも便利ではない。

山家は、一九一六年、ヘネーで二十エーカーほどの土地を購入、篤農家としての範をたれたが、梅月がヘネーに移り、二人が知り合いになったのはこのころのようだ。井上は一九二〇年ころからヘネーで教会の日曜学校の講師をかって出ているように、早い時期にキリスト教の影響をうけている。同時にメーデーへ日本人を誘うなどのこともしている。

山家安太郎のユートピア思想

米加に住む日本人には当然ながらキリスト教徒は多い。キリスト教の社会に住んだのでその影響をうけたのか、日本でキリスト教に接して太平洋を渡ったのかはわからない。その双方だろう。

『カナダ日系人合同教会史』（一九六一年）という本によると、一九一七年にヘネーにいたバプテスト派のW・ホールと、「同化は宗教から」の主張をもった土着農の山家安太郎が協力して日本人農会ホールに日・白児童を集めて日曜学校を始めた。この「無宗派の宗教教育運動」は、別の白人宗教家に引き継がれて一九四一年まで継続している。この一粒の種はやがて全国にひろがるが、山家は最初から基金委員などで尽力している。

梅月高市の名は、これらの資料から見えないので、早くからキリスト教に染まったとは思われないが、山家たちとの終生の交際のなかで教化を受けたと思われる。もちろん、妻千代からの感化が第一だ。山家は日本人をカナダに「同化」させて、白人と協力・共棲して生活してゆくという理想の提唱者であり、生業の実践者で、また多数の文章を発表した理論家でもあった。

山家は先の『教会史』の最後に一文を寄せ、「理想郷」について書いている。その「新しき村」は「ビューラー・ホーム」といい、赤川美盈牧師によってフレーザー河沿いの五エーカーの台地が出発だった。開墾できるのはたった二エーカー、同人たちは開墾して農業を営みながら「小さな神の国」を実現しようというもの。一九二六年の開園式には、赤川、資金を提供した生方繁三郎、有賀千代吉ら五人が出席した。いずれも梅月の一生の友になる。

梅月高市は生活のためにヘネーに寄寓するが、かれの手記によれば、製材所でも働いている。九州の実家への送金のため現金収入が必要だった。フレーザー河などの河川は上流で伐採した丸太を筏にくんで運ぶため、ヘネーのちかくには多数の製材所が建設されていた。上流での山林伐採、河川までの運搬、筏流しなど雪のない季節的作業で、体力の必要な労働である。製材所（ソーミル）は技術を必要とするが、一九二〇年ころまでには、日本人で作業に入りこめるものもでてきた。本来、白人の職能組合（クラフトユニオン）の縄張りである。そこは、消費市場の米国国境まで十キロ前後の地帯だ。

鈴木悦夫婦がカナダへ到着した一九一八年、ヘネー農会設立の一九一九年ころ、カナダの日本人労働者の動揺は激しくなっていた。白人との間の賃金などの格差、相次ぐ労働災害もさることながら、ロシア革命の成功による全世界の労働運動の高揚は見逃せない。

そのバンクーバーにおける立役者・鈴木悦について、私は、一九八〇年代後半、当時オンタリオ州のウオタールー大学にいた新保満、武蔵大学にいた白水繁彦と共同研究した成果をまとめ、『カナダの日本語新聞』（ＰＭＣ出版）を出版した。

『大陸日報』の主筆として働いていた鈴木悦は、日本在住中、べつに労働運動にかかわったわけではないが、カナダへの航路のなかでロシア革命の影響を考え、またバンクーバーでは、日本人労働者の意識がすごく高揚しているなかに引き込まれた。『大陸日報』の紙面は鈴木時代になって、急に労働者に同情的な記事がふえ、もとから運動をしていた労働者を励ますことになった。アメリカ側からの影響、白人労組の働きかけなどで意識が高ぶっていたのである。

梅月高市は、それらを横目にしていたが、まだ生活のため水産工場、製材所、農地で汗を流すのに追われていた。

日本人労働者の耳目をそば立てたのは、バンクーバー周辺に無数に点在する木材関係の作業所での白人労組の頑強な争議であった。これらの作業所には日本人も三々五々に雇われていたが、同情して争議に参加するもの、逆に経営者にたのまれてスキャップ（スト破り）としての役割をはたすものと、ばらばらであった。

一九二〇年（大正九年）のスワンソンベイでのストは日本人労働者にとって大きな転換点であった。

スワンソンベイとはどこか

そのころ、鈴木悦の働くバンクーバーでは、日本人による木材労働者の結束が進んでいた。労働者たちは、職場や職種ごとに自治会などの「団体」を造っていた。漁業、漁夫、製材工、山林伐採など。でも、労働組合という形式や自覚に整っていなかった。そこへ、スワンソンベイのストライキである。

スワンソンベイとはどこか。カナダの一般的な地図や事典にはまず出ていない。西海岸は、一千数百マイル、島嶼、入江、中小河川の続く美しい土地だ。一部、米アラスカ州の州都ジュノーのある海岸が割り込んでいるが、海産、林業、鉱産の基地である。このはるか北方のトルミー入江の奥にスワンソンベイの会社町がつくられた。

北緯五十三度一分、西経百二十八度三十一分の人里離れた原野だった。

私の勤務していた大学に英語教師としてカナダ人の女性学者が着任したので、前記の鈴木悦の自著を献呈したところ、読後「スワンソンベイってどこ?」という質問を受けた。カナダ人さえ知らないほどの僻地なのだ。

林業のカンパニー・タウンの特徴は、どこでも特定の会社の自然産品の収奪の必要から建設される。西海岸の万古の森林の「開発」のため、目星の河川に社船で遡及して着岸、そこに波止場、事務所、社宅、労働者住宅、食堂、さらに教会や学校、機械設備、発電所、商店など、「町」に必要な一切のインフラを設ける。

出来上がると、労働者を呼び込み、タウンに近いところから山林の伐採を始める。処女林だから、六、七人が手をつないで抱えられるような巨木がすきなだけ伐採できた。この物語の主人公の梅月高市の娘婿になるハビーは、来日して私の家にしばらく滞在したとき、「直径が三メートルにもなるヒマラヤ杉を切り倒し、パルプチップにするため細かく切り刻んだ。勿体ない事をしていた」と述懐している。

材木は地理的位置によって、筏にくんで、製材所のあるバンクーバーちかくまで曳航されるが、スワンソンベイのような不便なところでは、大半が、パルプ用のチップにされて、波止場などに山積みにされ、大型船がくると積み替えた。貨物船の多くは、アメリカや日本の製紙会社に船積みされた。

山林は資源として限りあるわけだから、すべて切り倒されると、さらに奥地へ山林鉄道や林道が敷かれ、進んだ。そして、伐採コストが採算をこえ、なんらかの自然、社会的な困難に直面すると、プラントは撤退、無人となり、荒らされた山林・原野は放棄される。スワンソンベイもまさにこの放棄された地であり、多分、現在は定住する住民はいないに等しいであろう。スワンソンベイは、この頑強なストライキに起因した企業の撤退で抹消された。

カナダ政府の企業誘致でスタート、その開発権利がいくつかの会社に転売されて、一九一〇年代から開発がはじまる。この創業時の作業に、じつは、住宅建設などで、鳥取から門田勘太郎ら日本人大工数十人が投入されている。この経過は私が、門田の未発表の手記などをつかって一冊の本にまとめた（『エスニック・ジャーナリズム』柏書房）。

カナダの労働運動も、ロシア革命や国内のサンジカリズムの影響をうけ、人種等を差別しないワン・ビッグ・ユニオン＝ＯＢＵの指導で、次第に日本人、中国人、先住民労働者と接点をもつようになった。スワンソンベイでも、それまでの人種ごとの運動ではなくなっていた。白人の運動に有色人種の下積み、非熟練の労働者が次第に巻き込まれたのである。

梅月がのちに社長となった『ニュー・カナディアン』紙で募集した読者の手記に応募した安浦茂の長文の「労働組合創立の動機」の生原稿が偶然残っていた。安浦は、根っからの山林労働者で英語力にも長じていた。日米戦争の勃発による、カナダ海岸に働く日本人の奥地への強制移動に際して、オタワの政府がおこなった日本人の現況調査では、オーシャン・フォールズの日本人労働自治会（二百三十人）の幹部として名前が記録されている。この地もまた著名なカンパニー・タウンで労働運動の長い歴史がある。

第2章 スワンソンベイ争議の教訓

スワンソンベイのたたかい

スワンソンベイという「カンパニー・タウン」、現在はカナダ西海岸の奥深くに沈んでいることだろう。この西海岸は世界一複雑で、当時、とても商業的な定期航路は開設できなかった。美しい自然の宝庫だ。

この西海岸に沿った入江のなかに、パウエルリバー、オーシャン・フォールズ、ベルベラ、プリンス・ルパートといった、かつてのカンパニータウンが連なる。対岸のヴァンクーヴァー島にも、キャンベルリバー、ポートハーディといった町がある。当時、どれも陸路では繋がっていない。海路、それも会社のボート（社有船）での往復に依存したところが多い。

一九二〇年の山林・木材労働者のストは、まずポート・アルバーニ製材（ヴァンクーヴァー島の南部）の白人労働者の賃下げに抗議することから勃発した。六週間におよぶストに音を上げた資本が、バンクーバー市（以降、当時の日本人のように晩市と書こう）から十四人の日本人労働者をスト破りとして送り込んだ。

当然、ロッガー全体の批判の声となった。じつは、過去にもこの種のスト破りで、幾多の白人の争議をつぶしている。また、小規模のソーミル（製材所）での日本人だけの争議は枚挙に暇がない。

その二ヵ月後にスワンソンベイのストが始まる。スワンソンベイは当時としては、木材職場としては一大拠点であった。第一次大戦に際しては、カナダの日本人コミュニティから、多数の志願兵が英連邦軍に参加して戦死・戦傷者をだしたことはよく知られているが、この義勇兵や戦死家族への慰問が各地の日本人コミュニティや労働者の集積地で実施された。当時の新聞にスワンソンベイからの寄付金募集記事がある。それによると、世話人はよく知られた日本人ボスの服部九介、門田勘太郎以下、数十名の名前が記載されているが、佐田種次や安浦茂らの名前はまだない。

寄付は何度もおこなわれ、べつの月の記事では一般の労働者が各自一ドルの寄付に、服部は十五ドル、門田は十二ドル寄付している。時間給三十セントの時期だ。梅月高市が書いた「キャンプ・ミル労働組合十年史」という長文の論文がある。当初、『日刊民衆』に三十二回にわけて連載され（一九三〇年）、私が整理してひとつにした（田村編『海外へユートピアを求めて』社会思想社、一九八九年、に収録）。

この論文によると、一九二〇年五月に始まったスワンソンベイのパルプ・ミルのストは賃下げに反対するため、白人労働者が日本人、中国人を誘っての共同歩調だった。日本人七十九人はスト同調で、従来排斥をうけてきた「在加同胞一般のため」だとして、要求が通らねば白人とともに就労をやめる、交渉には十人の代表をえらび白人の団体交渉にくわわる、と全員のサインで宣誓した。

交渉は決裂し、労働者は無期限スト、予定どおり全員、工場を離れることになった。大半は晩市に引き上げたが、日本人三十数人は、プリンス・ルパートゆきを選んで船便を待っていたところ、非盟休の白人が就労を始めた。会社側の工作が功を奏したのである。それで、残っていた日本人も「話がちがう」と同調してしまった。ストは敗北してしまったのである。これが経過だ。

工場委員、安浦茂の詳細な記録

さて、この歴史的なストに参加した安浦の、一万字をこえる、詳細で貴重な記録を紹介したい。ストが始まり、白人労働者は「たくさんの日本人を参加させよ」と日本人たちに知らせてきた。多分、白人のボスから日本人のボスを通してであろう。ボスというのは、労働者の頭である。仕事の割り振り、賃金の査定、経営者側との交渉をおこなう「職長」のようなもの。白人・日本人をとわず、英語ができて仕事に精通し信頼がある。白人と一概にいうが、北欧や東欧からの移民も多く、英語がはなせない。日本人はミル内の食堂に集まり協議した。日本人労働者は、だいたい出身県ごとにボスがいて集団をなしていた。これは、ボスが郷里から労働者を集めて渡航し、仕事の契約、宿舎、賃金の受け取り、その他をまとめていたことによる。なにより、ボス以外の労働者は英語ができなかった。したがってボスとよばれる統率者を中心に行動した。

ボスの評価は難しい。白人企業との交渉で労働者の利益・権利を擁護している場合と、企業の手先として労働者の賃金のピンはねをしている場合とが絡み合っている。安浦が加わっていたグループのボスは梅月と同じ福岡県出身の佐田種次で、佐田なくして日白労働者の共同歩調はうまれなかった。佐田はボスであるが、以後、日本人労組をまとめあげ、組合長を長く務め、梅月のジャーナリズム活動を終生ささえる大人物であった。

食堂での日本人労働者の集会では、白人の呼びかけに当初反対が多かったのも無理もない。散々日本人を差別し排除してきて、いざストに協力してほしいといわれても、感情的に合流とはいかなかった。くわえて、日本にいたとき労働運動とは縁のない農村出身者が多く、またその日その日の銭も必要としていた。

これをまとめたのが佐田である。かれは年齢的にも分別があり、ボスとして尊敬されていた。集まった労働者を説得、「参加するのがよい」ということになった。ともあれ、代表をという ことで、英語の多少できる安浦ら二、三の者をえらび白人側へ派遣した。その結果を持ち帰り、安浦が白人の前でスピーチをしたため、かれがスト中、日本人のスポークスマン役となった。

安浦によると、争議の要求が受け入れられず、かねて決定のとおり、ミルを退去、解雇されることになった。「職場離脱」に参加した八十人ほどいた日本人は、北方のスキナー河方面の鮭漁に従事するグループと、晩市に帰るグループ、計十八人ががが同じボートに乗ることになった。さきの梅月論文と人員は一致しないが、ともあれ、バンクーバーに到着して解散集会を開き総括した。安浦手記には人名など思い違いもなくはないが、ともあれストに参加した労働者の第一次資料である。

このときの日本人コミュニティの分断した評価が安浦論文にある。この集会に、スト参加者以外のコミュニティの指導者が出席していた。そのひとり信夫三郎が質問している。また、翌日の日本語新聞の一つに吉江三郎編集長の記事がでた。内容は「日本人は白人のおだてに乗ってはならず、厳正中立であること。ストに参加しないこと、ミルを離れて、バンクーバーに帰還したことの誤り」という争議批判であった。これも一理ある考えだ。

安浦と佐田たちは、これに納得いかないと、さっそくこの新聞社に吉江を訪ね、「ストに厳正中立があるのか」と詰問した。その当時、バンクーバーには二つの日本語新聞があり、互いに相手をけなしたりしていたが、吉江が経営をひきうけていた『加奈太新報』は労働問題にたいして保守的だった。しかし吉江は労働者に批判的のようだが、日本人としての差別や低賃金には反発していた。

ただ、問題は複雑である。吉江や『加奈太新報』の社長だった鏑木五郎のほうが保守的で、山崎寧や『大陸日報』のほうが進歩的とは一概にいえない。山崎は鈴木悦を招いて編集全般をゆだね、自身は政治や外交に身を置いて自由に闊歩している。

さて、『加奈太新報』に吉江を訪ねた佐田と安浦は落胆する。吉江は「君達は間違っている。新聞に書いたとおりだ」と高飛車で「喧嘩別れ」になってしまった。それなら『大陸日報』に行こうと、安浦、佐田らは、鈴木悦に会うことになる。鈴木とカナダの日本人ウッドワーカーたちの運命的な出会いである。

鈴木悦と佐田種次・安浦茂との出会い

「鈴木さんは、労働者に理解ある人で、面会の最初からそう読み取れました」、続けて「よくやった。大体日本人が排斥される一因は、白人と行動を共にしないからからだ」と鈴木は懇切に説いて、二人を感心させたのである。さらに、編集室では忙しいから、自宅のほうに来いということになり、夜、佐田と安浦は鈴木の私宅をたずねている。分別世代の佐田と若い安浦はかくて何度か鈴木の私宅に招かれ食事をともにする関係になる。その何度めかの食事のとき、梅月高市が出席、はじめて佐田らと顔をあわせる。これからの運動を予感して、鈴木が予め梅月に連絡をとったのである。梅月と佐田は同郷の福岡県人、二人はすでに知己だったかもしれない。この会合に「佐々木三一郎」という人物が紹介されたが、「書生みたい」としているが、梅月とほぼ同輩、新聞発送係をしていた。

その夜からは、鈴木の大学講師のような講義の独壇場だったようだ。安浦の「手記」には、「その晩、労働運動について蘊蓄を傾けられて、私の全然知らないような興味深い話をしていただいて、私はいっぺんに鈴木党になってしまいました」とある。鈴木悦はなんといっても早稲田大学卒で、朝日新聞の記者。文章もたくさん書き、世界の労働問題に精通していて、郷里からカナダにでてきて、木材ばかり相手にしている労働者とはちがう。

佐田、安浦らは何度も鈴木を訪問して、「労働組合必要論が心の中にしみ込んで、組織に努力してもいいという気持ちになりました」と。ところが、スワンソンベイでの戦いのあと、その後始末や鈴木悦訪問をしているうちに、佐田は蓄えが底をつきガーデナー（庭師）としてその日その日の糊口をしのがなければならなくなった。農家に縁の多い日本人は定収入を失ったとき往々にして、白人家庭で庭師の仕事をしたが、日本人の美観、器用さ、後片付けなどの勤労観もあって評判はよかった。庭師は「清国人」の洗濯、食堂業と同様、いわば日本人の代表的なエスニック・ビジネスであった。

安浦は「スワンソンベイで四年間働き、よい給料だったので、三十四ドルもの大金があった」という。なにせ、時給三十セント、月四百八十時間から五百十八時間、休みなく一日十六、七時間働いたことになる。そこで、仕事を離れて一休み可能となったので、鈴木の指導・指示にしたがって、組合作りの運動に従事することになった。鈴木はもちろん『大陸日報』上で応援した。

梅月高市、初めての「言論」

鈴木悦が記者として仕切る『大陸日報』は、かれの影響か、日本人労働者の争議が急にニュースになりはじめる。争議の主要舞台は日本人労働者の多いキャナリー（鮭などの漁業の缶詰め工場）と、ミル（製材などの木材工場）だ。

労働争議は日常茶飯のカナダだが、一九二〇年代の特徴はロシア革命の影響で、労働者側が頑固で、「日白土人総て結束して起つ」(『大陸日報』の記事)たことだ。土人というのはカナダ・インディアン(先住民)のこと。このころ、ハワイで起きた「耕地ゼネスト」でも、パブロ・マンラビット率いるフィリピン人と日本人の提携がみられていた。

いずれも『大陸日報』の記事で、あたかも鈴木悦入社後の同紙は日本人労働者を煽るがごとしであった。日本人移民は新聞が好きで、演説会が好きである。娯楽が少ないこともある。米国で「排日移民法」が審議されていたこともあり、時局問題演説会もしばしばバンクーバーでもひらかれた。講師は鈴木、宇都宮鹿之助、露木海造等だ。この三人、きたるべき木材労組の幹部になる。別の演説会では梅月高市の名前もみえる。二十歳そこそこの青臭い青年たちが仲間うちで大言壮語を吐きあったに相違ない。内容は残存していないが、梅月が世の中に向かって発信を始めたのである。

当時の日本人の大きな関心は、アメリカで審議されている「排日問題」だ。日本人への偏見や排斥は、ジャーナリズムや政治家の無責任な人気とり言説とは別に、法律や外交交渉という公式の舞台でもひっきりなしに続いていたが、一九一九年にはカリフォルニア州など州レベルでの排斥条例が突きつけられていた。日本人の土地所有を禁じたものだ。それが一九二四年には、国の法律で日本人の移民を制限・阻止することになった。

カナダは米国の政策をなぞりやすい。日本人の移民制限の根拠のひとつが、白人より低い賃金で長時間労働して白人の労働条件の足を引っ張るというもっともな世論である。鈴木悦、梅月高市らは、この口実を閉じさせるために、日本人も労働組合にはいり、同等の賃金を主張し

TAIRIKU NIPPO

大陸日報

在加日本人労働者に衝撃を与えたスワンソンベイの会社町の一大争議を報じた『大陸日報』の論説。筆者は鈴木悦。

よう、生活も改め、ホスト社会の習慣、文化、「土着化」を進めよう、などと力説していた。

白人のストの際にも、「スキャッブ」（スト破り）でなく、足並みを揃えようというものだった。はからずも、スワンソンベイでの争議は企業の策略で敗北したものの、その足掛かりをつかんだのだ。これに続いて、木材、漁業、鉱山、鉄道保守など日本人の働く職場での人種を越えた労働運動が『大陸日報』にも数多く報じられるようになる。明らかに新聞記事には鈴木悦らの影響がうまれていた。

しかし、労働運動が高揚しても、白人の既存の組合はどこも日本人（だけでなくアジア系の移民）の加入を認めなかった。争議の都度、日本人の協力、すなわちスト破りで、かれらの力を削がないように働きかけるだけだった。

日本人労働者自身の組合結成の機運は熟していた。木材産業にかんしても、まず比較的町にちかいソーミル（製材所）で「ソーミル・アソシエイション」が生まれるが、これはどうやらリーダーの面々をみると「ボス」とよばれる日本人の手配師たちの組織したもののようだ。労働者の不満をくみ上げ、決起しないように予防したもののようである。だからといって、会社側の差し金で作られたわけでもない。

この「都市化」した運動に伐採キャンプで働いてきた鈴木悦、佐田種次、安浦茂らは満足しなかった。かくして、鈴木の『大陸日報』の紙面での支援をえて一九二〇年七月、「カナダ日本人労組」が生まれる。パウエル街での創立総会には五十有余名が参加したと伝えられる。鈴木とともに浮田郷次領事も出席、一座の激励をした。日本人社会全体の期待があったのだ。

鈴木悦、『大陸日報』を辞し『日刊民衆』創刊

カナダの当時の日本人木材関連労働者は五千人くらいと推定されるが、かれらに早急に組合の勧誘、宣伝をする必要があり、『労働週報』が間もなくうまれる。鈴木は組合顧問と『週報』の実際の発行人として大車輪の活動が始まる。

組合員はすぐ増加に転じ、一九二〇四年には三百十七名になった。オーシャン・フォールズなどの争議も頻発する。なによりも、白人の組合への加入や、地域的な連合団体への参加が当面の目標になった。それには、組合員にだけ頒布する機関紙では限界があった。組合創立三年目の一九二四年三月、『週報』は一二五号で終刊、自身の印刷所をもち、商業新聞を所有し、あまねく市民に主張をひろげてゆく『日刊民衆』の創刊へ発展するにいたる。

こうなっては、鈴木はふたつの新聞を作っているわけにゆかず、『大陸日報』を辞し、『日刊民衆』社の専属になった。この過程で、梅月は鈴木の助手として呼び寄せられる。梅月を農場から引きはがしたのは吉田龍一と御手洗喜三郎というふたりの活動家である。鈴木の依頼でへネーの農場へゆき、躊躇する梅月を口説き落とした。吉田はのちの一九六七年、「梅月が来て新聞印刷は心配はなくなった。月給が安かろうと、遅れようと何一つ不平を言わず黙々とはたらいた」と寄稿している。いよいよ、梅月の本格的な新聞社生活がはじまる。

組合運動そのものは、梅月より年長で、英語のちからもある安原が鈴木の秘書役で動いた。鈴木は英文科の出身の上、訳書もあったが、日本の知識人共通で、英語での会話はてんでダメ。安原が通訳や交渉役にかりだされた。安原の手記によると、組合が生まれてまもなくこんなこ

とがあった。

　排日的な団体のひとつにＡＥＬ（アジア人排斥運動）があり、安原は鈴木の命で、その会長ジョンソンに単独面会、排斥の理由を糺すことにした。ところが相手は「排斥するのは自由だ。アジア人を一人残らず追い出すまでやる」との答え、さすがの安原も、「お前みたいなヒューマニティの微塵もない男と話をするのも面白くない」とドアを蹴って出てしまった。それを帰宅して鈴木に報告すると「交渉の意味がない」と怒られたという。名うての偏見をもつ白人と英語で互角にやりあう日本人労働者がいたのである。

　組合も『日刊民衆』社も、「リトルトウキョウ」と呼ばれたパウエル街の中の一角においたが、近代的な組織やビジネスというより「むら」または「コミューン」であった。

コミューン『日刊民衆』社の形成

『日刊民衆』は有料、広告収入、一般読者の商業新聞の体裁をもったが、とてもビジネスというには異質であった。

まず、経営。

　本体の組合の事務所に組合事務、新聞編集室、印刷所、のちには労働紹介部、物品・図書の取次部等が同居した。それればかりか、梅月らスタッフも寝泊まりした時期もある。スタッフらに満足な給与を支払えないため、一種の「住み込み」で、家賃と食費をこみこみにして働かせた次第だ。

財政。

小さなメディア、これがいつもピンチだ。収入は購読料と広告を基本としているが、組合員には無料配布と組合規則で明記しているから、それ以外には常に拡張工作が必要。広いＢＣ州の何百という伐採キャンプ、パルプ工場、製材所、木工所に散在する組合員から組合費を集金するのも、配布するのも並大抵ではない。文無しの失業、低賃金労働者も多い。

広告料はバンクーバーなど都市部の日本人商人がたよりだが、これがまた、組合に同情的とは限らない。組合はアメリカ大陸の組合運動の影響をうけて、同情的な商人・企業から物品・サービスを購入する「ユニオン・ラベル」運動、敵対的なところにたいする「ボイコット」を指示していた。これは、広告主側に結構こたえていたようだ。

支出。

新聞用紙、インク、動力費などの直接経費以外、当然人件費を賄わなければならないが、てんで帳尻は合ってなかった。鈴木も、梅月も賃金の遅配、欠配のなかで、頑張るしかなかった。京都大学出の永澤六郎も『大陸日報』から鞍替えして人材は揃ったが、収益は相変わらずであった。梅月は戦後、粗末な昼食のことを書いている。黒パン二切れにバターをぬり、これに日本茶とミルクで「ゴボゴボと注ぎ込んだ」と。そんなわけだから、梅月は民衆社から一戸建てを借りて移転するが、そこが一ブロックに家二戸しかなく、あとはまだ藪だけという場所、トイレは日本の農家のように、地面の穴に直接始末する。

初期の『日刊民衆』社について、組合員の吉田龍一が一九六七年、『ニューカナディアン』

紙（梅月が編集長・社長の時期）に長文の「裏話」を寄せている。吉田は組合では〈最左翼〉のメンバーと目されていて執行部との確執も絶えなかった。

「私が加入したのは創立間もない一九二〇年の九月で、当時組合事務所はパウエル街に面した上西旅館の二階にあった。加入申込で訪ねた時、五十年輩の薄いあばたのある男と、二十五、六の痩せた長身の男がいた。あばたの男は初代幹事の柏木徳兵衛、若い方が名物の御手洗喜三郎であった」（要旨）

その晩、御手洗の紹介で鈴木悦・田村俊子に会い、運動の知識を授かり、また組織拡大を依頼されている。まだ、組合員は六、七十人で、カナダですでに十年以上労働経験のある吉田にオルグを頼んだようだ。その冬、仕事の予定がなかった吉田は即刻、無給、汽車賃・船賃支給だけで、市内からチルワックまでのフレーザー河沿いのBC電車沿線、バンクーバー島のポート・アルバニーまで、二ヵ月間、日本人のいる職場を歩き回ったが、獲得したのは組合員二十数名だった。

吉田は、組合員拡大というオルグの仕事を担当した縁で、『日刊民衆』が創刊されると、営業担当になった。コミューンではあったが、自身のオフィスをもち、労働紹介事業など多角的になり、「パンと水の生活」（鈴木の言葉）を一九二五年十月まで吉田は頑張り、その仕事を露木海蔵へゆずってまた現場労働に戻った。

新聞も組合もボランティアのバトンタッチ

吉田も、安原も、露木も、ほぼボランティアでの活動であったから、一定の期間コミューンで過ごすと、カロリーを補給するために木材現場や鮭缶工場へ働きにでないわけにゆかなかった。ただ鈴木夫妻、梅月はろくな賃金もなく頑張りとおした。梅月が結婚できたのは、一九三〇年、三十二歳になってからだ。日本国内と違い、移民労働者が晩婚または、生涯単身な理由の第一は経済的事情からだ。

『日刊民衆』は、赤字ながらも読者を増やし続けた。組合も白人の上部団体「ＶＴＬＣ」（バンクーバー地区労組会議）に加盟したのを機会に名称を「キャンプミル労組ローカル31」に代え、鈴木たちも個人加入の「カナダ独立労働党」という社会民主主義政党のメンバーになるなど、カナダ社会に受け入れられはじめた。『日刊民衆』の論調や活動で、「排日」の口実を一歩一歩取り除いていったのである。難関はむしろ日本人コミュニティである「日本人会」のような地縁的・利権的な機関の、保守的で不透明な動向であった。

「日本人会」との確執

「日本人会」というのは、日本人移民や在留者の多い都市や地域にはたいてい組織されている。日本政府の在外機関である大使館や領事館が日本人の保護のために、また日本人にとってはパスポートの更新、結婚・出産・死亡などの戸籍の変更、徴兵延期、納税・資格の問題、ときに安全・司法上のトラブルなどの際、相談の仲立ちをする回路であった。

これは、どの国も、いつの時代にも通じている。ところが、その日本人会の運営に問題が生じることがある。日本人会が保守的なのはやむを得ないとしても、どうしても長期間居住した年配者の「ボス支配」になりがちである。都市部に居住しビジネス（それも同国人相手の商売が主流）をながくして、日本人コミュニティの中心になるひとたちだ。日本の在外公館があれば接触も多い。日本政府からの叙勲もこのルートだ。加齢すると勲章のことは気にかかる。

バンクーバーの場合、大多数の日本人は、仕事場を僻地や島嶼にもとめている。回路としての日本人会に頼らざるをえない。梅月らの「キャンプミル労組ローカル31」と日本人会とは微妙な確執が早くから生まれていた。「ローカル31」というのは、白人のBC州の上部団体の労組会議に加盟を許されたのを機に、いかにもカナダの組織であるように強調してカナダ風につけただけのものだがレッキとした日本人団体だ。

労働者たちは、日本人会を胡散臭《うさんくさ》くみていた。領事館への事務代行の手数料が会の主な財源なのだが、会計が不明朗という声もあった。一種の利権だ。日本人会のほうは、移民とホスト社会との間のジレンマ、差別と数十年戦ってきたという誇りがあった。それに「日本人意識」「祖国愛」は人一倍つよいという自意識もあった。

バンクーバーの場合、大多数の日本人は、仕事場を僻地や島嶼にもとめている。回路としての日本人会に頼らざるをえない。日本人の読者市場は『大陸日報』『加奈陀日々新聞』『日刊民衆』等がシェアを競っていたが、「祖国志向」の色合いは対立していた。『日々』がもっとも志向がつよく、『民衆』はその反対、『日報』は真ん中というのが大雑把な色分けだ。

各社は広告の出稿拒否、商品購入ボイコット、日本人会の役員選挙などで、ことあるごとに対立していた。しかし、普通の労働者は、幹部と違い、祖国愛もあれば、日本人としての誇りもあり、労働者としての権利意識もある。よくいう「二重帰属意識」である。これは、ときに「居場所」の喪失にもつながったが。それも、人によって斑色である。

一九三〇年代はじめころの梅月は、山崎寧と鈴木悦とのあいだで、元気に活躍していたが、未熟な『日刊民衆』社の見習い記者であった。この山崎と鈴木、思想的には両極端である。山崎は『大陸日報』の社長、カナダではビジネスマンとしてリーダーであり、第一次世界大戦では多数のカナダ在住の日本人を英連邦軍の志願兵として欧州戦線に派遣し、自らも英軍の制服を着て先導している。日本の満洲経営が本格化するや、現地へ飛び新聞事業を手がける。日本のためと、世界中を飛び回る、そういう男だ。なにより、太っ腹で親分肌。細部に拘泥しない。

ところが、鈴木は社会主義を熱心に語り、文学や人道に生きてきた。田村俊子とあらぬ仲になり、体制を飛び出したジャーナリストだ。非常に繊細で身の回りの人びとをだいじにする。

このふたりの間、不思議と大きな対立もなく、たがいに助け合い、尊敬もしあっていた。そこに梅月はいて、双方からの影響と支援を得ていたわけだ。カナダの日本人たちは、多かれ少なかれ梅月のように、これらの「勢力」、新聞論調のなかでの生活を余儀なくしていたことになる。

新保満は、一九三〇年代の梅月の待遇について、こんなエピソードを紹介している（新保、田村、白水『カナダの日本語新聞』ＰＭＣ出版）。

山崎の『大陸日報』での月給が六百ドルのとき、『日刊民衆』社の毎月の経常費は七百ドル、スタッフは無給、「専属」の梅月だけは月給四十ドル、それも遅配、欠配はつねのこと。梅月の働きぶりを知っていた、スティブストンという漁港の日本人団体がかれをスカウトしようとした。左右別の靴を履いていた梅月は丁重に固辞して、頼まれた以上『日刊民衆』のために働くんだと述べたという。

そこへ、第三の集団が生まれて事態を複雑にした。二世の誕生と成長だ。

カナダ生まれの日本人の登場

カナダもアメリカも、そして一般的にアングロサクソン系の国では、その国で生まれた市民に公民権（シティズンシップ）が与えられる。一種の国籍だ。カナダも外国人でも、移民してきて二世が誕生すれば、形式的には差別できない。カナダでの公教育や資格取得の道を閉ざせなかった。しかし実際問題、白人とまったく同一ではなく、目に見えぬ差別・偏見が一掃されたわけではなかったが、二世は努力の目標をもつことはできた。

二世たちは、白人と机をならべて学習し、校庭でスポーツをともにできた。その結果、重大な変化が日本人コミュニティに生まれた。まず、二世は英語をマスターした。しかし、家庭やコミュニティのなかでは、程度の差はあれ日本語もつかった。同時に、二世たちは白人社会の常識や知識、生活感覚、権利や公正等の社会意識などを身につけることになる。早い話が、カナダ的な民主主義、人権思想、権利と義務、倫理観などだ。これには、一世である親たちは当惑する。国家感覚や家族意識がまるで違うのだ。

日本人は成長する二世たちを眺めながら、一方では楽しみであり、また困った。日本人コミュニティで肩を寄せ合って暮らす一世は、商売などで白人たちと交渉する際、英語の通じる二世の手助けがどれだけ必要としたか。また新しい知識、学歴、資格にも二世に道はひらけていた。だが、「忠孝」「愛国心」「礼節」などに欠けるところがあると感じていた。各地に「日本語学校」「集会場」が設けられて、公立学校の授業後に教育したり、あげくの果て、複数いる子供のうち、一人を祖国日本で教育するという「保険」をかけたりした。これら日本派遣の二世のほうはカナダの市民（公民権をもつ国民）でありながら、こんどは英語力が中途半端で、意識もふたつの国家にまたがるという苦労を背負う。かれらを「帰加二世」とよんでいる。

梅月や、鈴木悦らの日本人コミュニティのリーダーたちは、この「第二世問題」というあらたな矛盾を抱えなければならなかった。二世の若者たちにも難題だった。日本とカナダという「二つの祖国」の問題はなにも日本人に限ったことではない。すべての移民、その子孫にまつわるプロセスだ。「二重帰属意識」、アンビバレントな祖国愛というのなら解決不可能な葛藤ではない。だが、どちらの国にも帰属が分からなくなると、「自分は誰だ」というアイデンティティの喪失になる。そこから、家族解体、スティグマ、非行集団への傾斜という難しい問題が生じてくる。

「同化・永住」か、「非同化・帰国」か

その国（ホスト社会）へ永住するのか、いずれ帰国するのか、永住といっても「帰化」（市民権の獲得）、「出自国の国籍のまま永住」など法制上バリエイションは多様だ。また政治的な権利、文化的なアイデンティティとすべての移民・移住者が悩む問題である。

その点、社会主義の影響を受けたにもかかわらず、鈴木悦・田村俊子と、労働者である日本人との間には相違がある。そこで仕事を続け、家庭を築き、二世を育てていた労働者たちのほうが深刻であった。梅月の記録をみると、一九三〇年代早くに永住を思い立ったようだ。日本を発ったときからそのつもりであった。

父母の国、日本にどういう態度をとるべきか、日本と欧米との外交上の緊張が高まると、日本人にとって一層深刻になる。好例が日本人の兵役である。一世の多数は日本で兵役につき、渡加してからも「在郷軍人」である。日本人の在加組織も作られた。「兵役延期願」も定期的に日本領事館に提出されていた。梅月は、郷里の福岡で二十歳の兵隊検査がいやで、その寸前に日本を離れている。この点は割り切っていたようだ。

「永住したいが、日本人でいたい」というのが、日本人労働者の本音だ。第一、カナダ社会そのものが、日本人の永住も、帰化も、仕事の公平な分配も望んでいない。アジア人を追い出したい、そんな制約や行政処置が次々に現れる。この差別と排斥は戦後皆無になったわけではない。これがなくなるのは、長い時間と国民の民主的な努力が必要だった。

ともあれ、日本人労働者にとって、平穏な生活と、普通の生業を維持し、二世らの次の世代

に賭けることだった。二世はレッキとしたカナダ人だが、彼らとて完全な権利や自由な選択が保証されているわけではなかった。大学をでても、公務員、教員、著名な企業の従業員への道は閉ざされていた。軍事・治安関係は至難だ。後者のRCMP（ロイヤル・カナダ・マウントポリス、国家警察）は格好よく、勇敢で子供たちのあこがれだ。その赤い幅広い縁の帽子と制服はいまもほとんど変わらない。アメリカの保安官には悪人もいたが、カナダのマウントポリスは国家への忠誠（ロイヤルティ）は高い。

日本人は、リトルトウキョウとも称したパウエル街で商売に勤《いそ》しむものも、労働者をまとめて現場へおくりこむボスとよばれるものも、農場で経営に打ち込むものも、そして「ローカル31」の運動に励むものも、この「永住・同化」か否か、の課題からは逃れられなかった。

「永住・同化」は、そのリーダーのなかから具体的に動きだす。まず外見だ。カナダに到着したばかりの時は、印半纏、ふんどし、雪駄、女性なら着物に島田というのも見かけたが、数か月すると、普通のカナダ人の洋服になる。目立つこともなく、働きやすいからだ。ついで、最低の英語、マナー、生活習慣が身につく。キリスト教に宗旨替えするのは存外はやい。もともと、日本人は「一神教」ではないし、キリスト教は日本でも接点はあった。だが、アイデンティティ、国籍となると別だ。この矛盾に一世は戦後になるまで、苦しんだ。

移民というのは、早く到着したものにパイオニア利得がある。遅れて到着したひとに知識やサービスを提供することで、エスニック・ビジネスが成立する。『大陸日報』も『日刊民衆』も広告料は大事な収入源だが、記事も面白いが広告が興味をひく。信夫三郎というひとがパウエル街に事務所を構えていた。その「業務」は、加奈陀古兵協会日本人支部、日本行汽船切符手配、領事館諸願届代理、労働口周旋、対白人交渉事務、英文諸契約書作成ほか。不動産、保険、日本雑貨、送金など扱っているひともいる。

日本人コミュニティのなかで、リーダーとしての生活源がある。その点、鈴木も梅月も、物資を生産しているのでなく、サービスを生産するエスニック・ビジネスの中に生きていたわけだ。

第3章 鈴木悦の死と梅月高市へのリレー

鈴木悦、病気加療のため帰国

日本人の「キャンプミル労組ローカル31」が晩市の上部団体ＶＴＬＣ（晩市労働会議）への加盟を認められた一九二七年以降の数年は、活動は順調であった。八支部、一千人をこえる組合になる一方、日本の労働運動の影響をうけて少数の「左派」がうまれた。対立や除名騒ぎもよくある話。この対立、一九九〇年代になっても、しこりは残った。

ＶＴＬＣの新聞『レーバー・ステーツマン』の一九二七年十一月十八日号を読むと、バートレット副議長が「日本人の組合の成長は急速で、相当数の新メンバーが加入したので、間もなく晩市最大の組合になる」と報告している。会議への初代日本人代表は佐久本盛矩だという記事もある。私は、この沖縄出身の佐久本に一九九一年に長時間のインタビューをしたことがある。読谷村《よみたんそん》生まれの佐久本は、父を追ってカナダに到着、肉体労働の合間に高校を卒業した勉強家で、鈴木悦に口説かれて組合で働くようになった。

鈴木悦や梅月高市は主流派、すなわち英国の労働党のながれを汲むカナダ労働党に与した。戦後も社会民主主義者として活動する。一九三〇年前後の大不況は全世界に打撃を与えるが、「ローカル31」も例外でなかった。

この苦境を乗り切る奮闘のなかで、鈴木の健康はかなり冒されていたのだ。長期の激務、心労、薄給による生活難が響いた。女房の俊子まで組合役員にひきだし酷使した。結局、鈴木は一九三二年（昭和七年）、俊子をおいて帰国した。再びカナダにもどるつもりの一時帰国であったが、一年後に郷里の愛知県で死去した。『日刊民衆』は、『大陸日報』から永澤六郎を引き抜いて編集長にしたが、梅月の負担はぐっと重くなった。新聞と労組と双方の中心にならざるをえなかったからだ。

梅月は一九三〇年、東京神田出身の増井千代と結婚している。高市三十二歳、千代は六歳年下で、もう本気でカナダの土になる気だ。鈴木が帰国し、梅月たちにまかされた『日刊民衆』が取り組んだ木材労働者の運動拠点はオーシャン・フォールズの紙パルプ工場であった。

オーシャン・フォールズの雷鳴

この町の名前はいまも知られている。現在はわずかの人口のリゾート地だが、二十世紀のはじめはアメリカの紙パルプ資本によって開発された加西海岸のプラント群の巨大なひとつとして繁栄した。日本人も多数採用していた。一九一二年に巨大なアメリカ資本が二百六十エーカーの大地に杭を打つまで、数十人の「クワクワ族」の原住民が支配する静かな原始林の入江だ

キャンプミル労組の初期の指導者たち
後列左から、吉田竜一、庄司安蔵、山本倫由、
前列左から、鈴木悦、田村俊子
（Local 31コレクションより）

った。

西海岸は米国アラスカ州が加奈陀領に深く切り込むように版図を伸ばしているが、カナダも北端プリンスルパートまで領地だ。現在ではバンクーバーとは陸地でも道路でつながっているが、海路のほうが先に開かれた。

二十一世紀になってから、私はアラスカの州都ジュノーを汽船で訪ねたことがあるが、このあたりは漁業や林業というよりも、いまではリゾート地として名高い。日本の三陸海岸から津波で流された家具や漁具が到着し始めたという新聞記事が出た地帯だ。

二十世紀のはじめ、オーシャン・フォールズへは、バンクーバーからBC州北端の町への連絡船に乗船して途中下船するのが一般的であったから何日も要した。

このオーシャン・フォールズで働いていた安浦茂の、さきに引用した手記にふたたび世話になろう。この未発表の手記はとても貴重である。「蓄膿症の治療のために一ヵ月ほどバンクーバーに出ておりましたが、帰る前に梅月君に別れをつげにゆきました。その折、梅月くんが『一寸待ってくれ。最近の情報に、IPMU（国際紙製造労組）がオーシャン・フォールズを組織しに行くそうだ』というのです。いままで組合運動を排斥していたペーパーミルが時の流れに抗しがたく組合を組織するのを認めたとのことです」

『日刊民衆』社も、日本人の医院も、安宿やアパートも、パウエル街とよぶ汽船の波止場や鉄道の終着駅の近くに集約していた。第二次世界大戦中の一時期をのぞき、パウエル街はいまも日本人のコミュテイである。梅月も安浦も、ここでよく顔を合わせていたわけだ。

日本人ランバーたちは、季節や景気によってミル（製材所）やキャンプ（伐採所）をたしかに移動する機会が多かったが、どうやらオーシャン・フォールズではある程度定着していたようだ。それは、一九一三年ころから、小さなミルから大規模なパルプ工場に移ったことと関係ある。

米国や日本の新聞・印刷業界の紙やパルプの需要が増え、資本の側が紙パルププラントへ発展していったのである。製材ミルとは比べものにならない巨額の投資となり、労働者もミルとちがい装置産業に通じた熟練労働者を必要とした。生産は装置産業特有の二十四時間操業、年間をとおした稼働になる。日本人もふくめて、熟練労働者を確保しておく必要上、ある意味で「終身雇用」が実現している。

「ローカル31」も、白人の「国際紙・パルプ労組」も、不安定な中小ミルや伐採キャンプの労働者よりも、大工場に拠点を築きたかったのは労働運動の常識だ。そこで、オーシャン・フォールズには日本人も白人も注目していた。そこへ、このトピックスだ。ここでは、組合運動が生まれたり、潰れたり、同盟罷業がおきたり、敗北したことが無数にあった。

会社側の極度の警戒や介入もあったが、白人労働者も対立・分裂がつづき、日本人はスト破りが常道だった。日本人は例によって、「ボス」とよばれるパイオニアの親方が同郷の労働者をひきつれて工場にはいり、仕事の段取り、賃金交渉、共同生活の面倒、郷里への送金、チケットやビザの世話等万端を取り仕切っていた。なにしろ多数は英語もわからない。オーシャン・フォールズでは、日本人、中国人、白人、先住民が別々の生活区をもうけていた。食い物はじめ、信仰など日常生活が別個だ。キリスト教会も日本人は独自に運営した。日曜の礼拝を日本語で行うためだ。

日本人の「ボス」大関直幸は神奈川県の出身、日本人の工場内の自治組織をつくらせ、それなりにガス抜きもおこなっている。一九三七年、オーシャン・フォールズでの運動がはじまる。梅月や『日刊民衆』の出番である。

「ローカル312日本人部」の成立

『日刊民衆』新聞がほとんど現存しないことは、おりにふれて述べた。第二次大戦で新聞社は発行停止処分、BC州沿岸の全日本人に退去命令と「移動」、会社、組織、コミュニティ、家庭すべてばらばらにカナダ政府により壊滅させられたからだ。「移動」の際、梅月らは『日刊民衆』の綴じ込みを廃棄している。

そのクリッピングの断片がわずかに残っている。一九三七年七・八月の「カナダ製紙・パルプ組合」と会社側の労働協約交渉の経過記事だ。これらを総合すると、会社と、ふたつのパルプ工場、ふたつの組合が、晩市で団体交渉し、組合の承認、時給六・五セントの増賃（日白人共通）、二年後の一九三九年協約の更新などで妥結している。

どうやら、工場内の仕事の境界をめぐって製紙とパルプのふたつの組合がそれぞれ支部（ローカル）を作ったようだ。「管轄権」という欧米の組合運動の伝統的な境界争いの妥協だ。日本人のほうも、梅月らの「ローカル31」は組合員を獲得できず、パルプ工組合（IBPAP

W）の「ローカル３１２」日本人部にまとめられた。米加など移民の多いところでは組合運動も民族別・言語別にまとめられる。
梅月らは、直接の組合員を獲得はできなかったが、広義には仲間が増え、『日刊民衆』の読者を増やした。「民衆応援団」というサポーター団体も強化された。その先兵になったのが、安浦茂である。団体交渉や現地の動きは逐一、安浦から梅月らに報告され『日刊民衆』の紙面をかざった。カナダの一大ニュースであり、福岡県人安浦のおかげで、『日刊民衆』は他の日本語新聞を足元にもよせつけなかった。

「ローカル31」も、評議員会をひらき、当時の組合幹事であった岩下今朝弘を通じて、加入したローカルは異なったが、同じ上部団体カナダ労働会議に属しており、連帯することだと伝えている。この会議に安浦や製紙工組合の幹部やオルグも出席して賛意をのべている。佐田種次組合長が英語で通訳している。

オーシャン・フォールズでは、一番厄介な組織問題がスタート時から解決しての運動となった。安浦の手記によれば、会社側が製紙工組合のような「国際派」の組織化をしぶしぶ認めたのは、より先鋭的な運動が盛り上がっていたので先手をうったからだという。たしかに一九三〇年代の後半は、伝統的な職能組合ＡＦＬに飽き足らない産業別組合のＣＩＯが、米大陸の西海岸に浸透してきていた。ＣＩＯは、ひとつの産業のなかでは職能、民族、言語、政治的背景に関係なく一つにまとまろうという主張であった。

安浦ら日本人に応対していたオルグにジェームス・Ｓ・キレン（ＩＢＰＡＰＷの副委員長）が

いた。このキレンが戦後、ＧＨＱの労働課長になって日本の労働政策の改革に敏腕をふるうから不思議な縁だ。組合加入といっても日本人の中には、消極的なものもすくなくなく、安浦は同じ福岡県人の梅月らと連絡しながら、まとめていった。製紙とパルプのふたつの職場にはたらいていた日本人のうち、安浦はパルプ職場をまずまとめ上げ、梅月、岩下、亀岡徳衛、それに東信夫（ヒガシ・シノブ）、トミー・ショウヤマらが応援に駆け付けた。ヒガシもショウヤマも地元の大学を卒業し、日系人の社会のリーダーになる優秀な人材だった。

『日刊民衆』も他の日本語新聞もカナダの新聞も連日、この組合結成と承認、賃上げなどの労働協約の締結を大きく取り上げた。労働協約には日本人を代表して安浦が署名した。それほど、オーシャン・フォールズの問題はカナダのジャーナリズムを賑わしていたのだ。

『日刊民衆』はどのように浸透したか

ここに組合が生まれるまで、日本人は「ローカル31」のように日本人だけのいわば「エスニック組合」だった。ＡＦＬに対抗して生まれたＣＩＯ（産業別組合会議）がめざしたような、人種、言語、信条をこえた団結は簡単ではない。国境を越えた南側の米国では海運、波止場、スーパーマーケット、農業、パルプなどの一部で「左派」のリードで人種をこえる運動が一部みられたが、カナダでは缶詰、鉱山などごくすくなかった。それだけにオーシャン・フォールズの成功は大きかった。労働者以外の日本人社会やコミュニティでは、白人との合体に否定的な意見はつよかったのだ。

その背景には、米国西海岸の運動が先鋭化していたこと、日本の中国大陸での戦線拡大で国権的な世論が高まっていたこと、在米の日本人指導者も日本政府の影響をつようけていたことなどがあった。そのひとり吉江三郎は東京法学院出で、領事館にも勤めたことがある知識層の一人。早くから日本人労働者の団体の面倒をみてきたが、『大陸日報』に、「国際組合」への日本人の加入自重を呼び掛けた。もともと、梅月、鈴木悦らの側に批判的だった。

日本人は結局、製紙工やパルプ工などのアメリカに本部をおく「国際組合」の支部員になったが、「ローカル31」の影響は浸透した。

当時の『日刊民衆』を開くと、オーシャン・フォールズからの日本人の通信、投稿が急にふえている。『日刊民衆』がこの僻地のプラントに多数入ったのである。投稿のなかには、安浦のほか、「国際パルプ工組合第３１２支部副支部長」の肩書で二瓶熊治、梅月と親しい内田一作や林英則らが頻繁に登場している。もっとも一九八〇年代に私が知り合った日系二世の労働者は、日本人部に配布された日本語の印刷物も、集会での指導者の日本語での演説も全く理解できなかったと語っている。

オーシャン・フォールズの日本人パルプ工

この地で『日刊民衆』の影響力がたしかなものになった一九三七年には、この新聞を創刊した鈴木悦は病を得て帰国、世を去っていた。だから瀬戸内晴美の小説『田村俊子』もその他の作家の田村俊子論もこの時代の鈴木悦についてはあまり触れられていないのはやむをえまい。

しかし、面白いもので、鈴木亡きあとのほうが、カナダでは鈴木への尊敬がつよまり、「神格化」さえしていった。

オーシャン・フォールズの日本人労働者の間でも同様だった。ここで生きた日本人も一九四一年の日米戦争勃発のあと全員退去させられ、その後戻ることはなかったし、製紙・パルププラントも現在はない。戦後、労働者たちは、『日刊民衆』の後継紙とみなされている『ニュー・カナディアン』に盛んに投稿して当時を回想し、鈴木に思いをはせている。その一人に内田一作がいる。以下、略称「国際製紙工組合」（IPW）加入前後の様子についての内田の『ニュー・カナディアン』（一九七九年五月十一日号）に寄せた文章の要約。

「二百四十名の日系労働者は国際パルプ・サルファイト＆ペーパーミル・ワーカーズに属しローカル312日本人部を設置した。IPWの働きかけと白人労働者の地下運動が永い歳月つづき、日本人労働者の活動家も養成されていた。晩市での労資会議に日系就労者代表に選ばれた安浦茂君は十余年の昔、スワンソンベイの争議敗北の経験から『加奈陀日本人労組』の一員で初代幹事をつためた。安浦君に同行した二瓶熊治君も鈴木悦の配下とにらまれていたので、郷里からワイフ呼寄せには心配させられていた。第一回の労資会議で成立した組合承認、四セント五厘の増賃、労働条件改善の『労働協約』をもって工場に帰ってきた日系労働者の大会で内田が議長を務めた」

ここでいう「ローカル312」は、IPWの支部で、梅月らの独立の「ローカル31」とは別である。

私は内田には会う機会がなかったが、妻のフデコからインタヴューで得たことは多大だった。内田もかれの兄の武も根っからのウオッビー（木材労働者）だったが、武は日米開戦直後の日本人労働者の道路キャンプに動員された際、プリンストンのキャンプで大怪我、死去するまで苦しんだという。「森の男」たちの負傷は他の産業に比して群を抜いている。

日本人の活動家たちは、オーシャン・フォールズでの組織化にだいぶ早くから目をつけていたようだ。ＩＰＷが成功する十年近く前の一九二五年三月の『大陸日報』に、このプラントで働く二人の日本人が労働問題で意見を述べている。藤崎栄吉と兵頭英一だ。のち、「ローカル31」のメンバーになる。

二瓶熊治には一九八〇年代のはじめに晩市郊外の自宅で会ったことがある。高齢ではあったが、眼光鋭く、さすがかつて左翼の伝説の闘士、私への反応も遠慮はなかった。真偽のほど不明だが、自らを「自分はカナダ共産党員だ」と紹介した。たしかに「ローカル31」創設のころは鈴木悦の影響下に運動をすすめていたが、次第に運営をめぐって確執が生まれ、梅月高市らが『日刊民衆』の中心になるころ多少の意見の齟齬があったようだ。鈴木、梅月らは社会民主主義の路線を信奉していたからだ。

内田一作の一文は、鈴木悦にふれた新保満の著書や、瀬戸内晴美の小説を読んでの違和感があったようで、当事者としてこと細かに述べている。後世の記述と当事者の認識とで異なるのはやむをえないことであるが、私のようなものには参考になる。ともあれ、この左右の確執は半世紀すぎてものこり、ほぼ活動家の全員がカナダを墳墓の地にえらんだので、あの世にいっても持ち続ける対立だろうか。

内田の文章はまたパルプ工場のあったカンパニータウンのウッドファイバーでの出来事にふれている。ここもオーシャン・フォールズに匹敵する多数の日本人が働いている古い町だが、内田が私用で町を訪ねようとした時、相手の友人は「君が来てくれても会社が上陸させないかもしれない」という手紙をよこしている。結局、友人が晩市に出てきて会うことになるが、会社は極度に活動家を排除、組合を作らせなかった。この友人、のちの妻となるフデコだったような気がする。

晩市の日本人町またの名をパウエル街

カナダの日本人にとって晩市は後方基地であった。ここから、BC州各地へ労働に「出撃」し、休息、補給、再装備のために「帰還」した。その日本人町、パウエル街は戦時中、すべての日本人・日系人が奥地へ追放されて、日本人は無人になったが、戦後、若干の日本人は強制収容所からまたここに戻ってきた。私がここに滞在してわかったことは、結婚の機会を戦時の強制移動などで逸して独身のままの労働者が多かったことだ。

パウエル街の成立と戦争による解体の過程については、拙著『カナダに漂着した日本人――リトルトウキョウ風説書――』（芙蓉書房出版）でスケッチした。一度日本人は無人になったが、近年では、日本からの新たな移民や留学生たちが晩市に渡っており、パウエル街に戦前の「日本人町」の様子が再現しつつある。

その証拠に日系人の祭り「パウエル・ストリート・フェスティバル」が四十回ちかく開かれ年々盛んになっているようだ。話はそれるが、この祭りに何回か加わったことがある。日本のどこの町にもある祭りで、屋台、太鼓、神輿、盆踊り、相撲、ゲームなどの盛りだくさんの行事や出し物がパウエル街にあるオッペンハイマー公園で繰り広げられる。日本と違うのは、白人、黒人、先住民の顔ぶれの多いことか。

さて、鈴木や梅月が活躍した一九三〇年代にはパウエル街の日本町の骨格はすでにできていた。せまい日本人町に日本人はかたまって住んでいたから、日本語新聞の情報伝達力は抜群であった。したがって、日本人会を牛耳ろうとか、金儲けしようとか、ホスト社会（カナダ）の差別や排他運動と戦おうとか、多少の志や野心のあるものは、すぐ新聞を発行したり、買収・吸収したりしたがる。

日本町・日本人町は世界中にあるが、だいたいチャイナタウンの近くに生まれ、浸食して形成される。戦後は韓国人の世界進出が勢いづき、日本町の近くに種子が芽をふき、次第に中国人街や日本町を浸食してゆく。都市やエスニック・コミュニティのでき方というのは、社会学者の一番関心のあるテーマだ。このでき方を通して、スラムや非行地帯もうまれ、メディアや人間生活も変わってゆく。

晩市のパウエル街は、規模や歴史から研究モデルとして格好の材料だ。コミュニティが生まれると、生活の装置（商店、寺院、行政システムなど）、情報媒体（新聞、名簿、看板など）、住民組織（権力、治安、商店会など）、経済活動拠点（銀行、郵便局、労働紹介所など）がつぎつぎに誕生しておもしろい。前述の拙著『カナダに漂着した日本人』（芙蓉書房出版）ではこのプロセスを描いた。

パウエル街日本町の様子を『大陸日報』（一九二一年＝大正十年）元旦号でみてみよう。一面トップ記事は、着任したばかりの鈴木悦の全ページの長大な論文「ソーヴィエット露国の生活」。渡加して三年目、それまでも、ときどき、長文の論説を書いていた。社主の山崎寧は、新聞経営や日本人会などの仕事に懸命で、鈴木や梅月がなにを書こうが一切無干渉だった。この論文もソ連礼賛である。

そして広告。新年号の広告は名刺広告が主体だ。新聞ジャーナリズムの慣例ビジネスで、コミュニティの住民にとって、一種の住民ディレクトリになる。

生活装置。古屋商店（日米に支店、日本商業銀行など）、日加合同貯蓄会社（四階建ての田村ビル所有）の二社が一ページ全面広告で最大手。あとは、生活に必要な旅館、食堂、洋品、食料品、雑貨、病院、タクシーなんでも揃っていた。

名刺広告。岡山県人会、三尾村人会、労組、業界団体、便利屋、個人などが数百、名前をならべる。

特筆すべきは、小早川造船所、ニューポート・ソーミル、日本病院のように日本人が大型の投資事業にも乗り出していたことだ。

鈴木も梅月も、日ごろは、パウエル街にいて新聞をつくっていた。ここは、生活もシステム化していたが、日本人の各種の情報も集約するクロスロードであった。

パウエル街のようなエスニック・コミュニティは晩市には相当ある。それぞれ歴史的背景はことなるが、キチラーノにはギリシャ人街が、ヘイスティング通りとブロードウエイ通りのあたりは「リトル・イタリー」と呼んでいる。チャイナタウンが広大なのは周知のとおりだ。さて日本人街も自らの文化、生業をまもる防壁、または〈ゲットー〉的な役割があった時期はある。だがそれはホスト社会との壁としてマイナスの側面もあった。この壁は戦争によって破壊されて、人々は全カナダ社会に散ることになる。その成否、賛否の結論がでるのは、ずっと後のことになる。

絶えぬ白人社会からの差別政策

パウエル街では、日本人は奥地の山林や島嶼のミルや漁場から定期的・季節的に帰ってくると、宿屋や飲み屋ではねを伸ばし、情報交換したが、フォーマルな情報交差路も用意されていた。同郷会、寺院、組合、労働派遣元（周旋屋や親方）の施設や会合だ。宿泊といっても一人一部屋シングルベッドという今様なホテルは少なく、一部屋に数個のベッド、または数人用の布団、日本式の「やどや」や「木賃宿」が大半、宿賃もやすい。

一九二五年三月のことだが、晩市で日本人会が国有林への就労制限など「カナダの排日政策」に対して、主な日本人就労地の代表をあつめて報告会をひらいた。まだ山に雪がとけきれない時期、パウエル街にある日本語学校の教室で会合というのはよくあるケースだ。会合場所が欲しくて鈴木悦は、よく日本町に白人のような労働者会館（レーバーテンプルという）を建設することを呼びかけていた。

さて、この報告会で雄弁をふるったのは五氏。オーシャン・フォールズから藤崎栄吉と兵頭英一、フレーザーミルから都築健太、ウオノックから庄司安蔵、ケローナから岩下今朝治だ。いずれも、日本人集積地で、ボスとされる人物である。

内容は、現下のカナダでの差別や貧困の打破には経済的に成功することだと説き、団結、永住、消費組合などの必要を労組が日頃議論している課題を提起している。演説のなかで、ロシア革命や足尾銅山での労働争議が影響していることが随所にあらわれた。オーシャン・フォールズではどのようにストライキを永続させ、スキャッブをださないかなど具体的な組織論が公然と語られたのには驚く。

一九一七年の数字だが、ここでの労働者数は、白人七百人、日本人三百五十人、東欧等からの移民で白人の低賃金労働者は次第に増えるものの熟練度を高めてきた日本人の役割もそれほど減っていなかった。「日本人労組」が結成された一九二〇年前後のBC州全体の組合数二百五十一、組合員数一・九万人弱だから、日本人キャンプ・ミル労働者の動きは小さいはなしではない。この辺の事情は、前にも紹介したし新保、白水、田村の共著『カナダの日本語新聞』（PMC出版）のなかで、詳述した。

ここでは、他の作業現場とちがい伐採、製材、筏流しといった一次加工の仕事だけでなく、パルプ、製紙といった二十四時間操業の高度の装置産業の二次的労働で、労働者も技術、意識、団結力が高く、就労期間も長かった。したがって、プラントのなかには教会・寺院、小学校、社宅などが整備されていた。第二次大戦が勃発して西海岸の全日本人に奥地への撤退が強制されるまで、日本人労働者はまとまって生活しており、撤退・移動もまとまって行うことになる。上層管理職はアングロ・サクソン系、その下に北欧、東欧、ラテン系とかたまって労働や宿舎がうまれた。そこには、確執や競合がうまれるのもやむを得なかった。

人種による差別、偏見は労働運動や新聞によって徐々に改善されてはいたが、ときに表面化して大きな社会問題になることもあった。ポートアリスというバンクーバー島の太平洋岸にある会社町で、日本人労働者家族の工場離脱事件があった。この町、よほどの詳しい地図でないといまは掲載されていない人口数百人の静かなリゾート地だ。

ポートアリスの労働争議

この地も日本人になじみ深い。内陸から海岸へ向かう国鉄・私鉄の何本かの鉄道があるが、客車というのは観光用を除いてほとんどない。晩市からロッキー越えの客車に乗ってみると、すれ違う列車の多くは丸太、原木、チップを積み込んだ貨物車だ。海岸に立地した巨大な木材・パルプ関連のプラントは十九世紀から日本や米国向けにフル操業していた。製品は紙、パルプ、チップ、「ツーバイフォー」（カナダではフォーバイフォー）で知られる住宅用資材などだ。日本では「王子製紙」など三井系との付き合いが深い。

それらは日本人の労働によって支えられてきた。日本人の労働なくしてカナダ西海岸での木材産業の盛況は考えられない。ポートアリスも例外ではない。プラントやミルはまず器用な日本人大工の一団が入り、工場、事務所、従業員用宿舎を建設する。そこへ機械がもちこまれて白人の熟練工があつめられる。ついで日本人などアジア系、先住民が肉体労働者として募集される。日本人はヤードや岸壁、鉄道など、危険で、重労働の職場が割り当てられるが、もともと勤勉で熱心な日本人は次第に活用されていく。クレーンやミル、パルプ製造などの仕事についた日本人は、そこに定着し、家族を呼び寄せ、子供を育てていく。

ポートアリスは、アリス・ウオーレン一族によって創業されたパルプミルのひとつ。当初、スワンソンベイのプラントで日本人の大工を招いて工場を建てて、その仕事ぶりに感心し、ポートアリスへ転勤させたのだ。日本人の腕のいい大工や船大工は晩市のような市街地で仕事を求めたが、白人の大工職のギルドに阻まれた。当初、白人の職業別組合は極めて保守的で人種差別的だった。やむなく、白人の就業を好まない僻地海岸や島嶼に生業をもとめた。

ポートアリスも早くから主として鳥取県出身者の日本人就労地として開拓された。いずこの国も移民は、その国のある特定の村からまとまって移民する。言葉、生活、宗教など共有する必要がある。それにパイオニアによる「ひき」が不可欠だ。

日本人では、ハワイの沖縄出身者、ロサンゼルスの広島県人など有名だが、カナダも晩市の西端にあるスチーブストン漁村の和歌山県三尾村、晩市への滋賀県人、鳥取県人などが知られる。その他は、岩手、神奈川、福岡などだ。

ポートアリスに日本人の職場を確立した鳥取県人の門田勘太郎は先駆者として「ボス」の利得もうるが、率先してキリスト教に入信し、労働者の風紀を糺し、カナダに土着する決意をもっていた。だが会社の差別は酷かった。晩市労働評議会（ＶＴＬＣ）の機関紙『レーバー・ステーツマン』の一九二九年四月のある号は、次のような一団の日本人「職場離脱」記事をのせている。離脱組は日本人だけの独立組合「ローカル31」ではなく、白人主導の「ローカル３１」のメンバーだ。

「ＢＣパルプ・紙会社のあるポートアリスから六十人の日本人組合員がその家族を伴って会社の組合員への差別待遇に抗議して離れ晩市に帰着した。組合は歓迎宴を催し、大衆集会を開き、そこで状況を議論した。バレット副委員長の報告によれば、多数の組合員は他に仕事を見つけ、非組合員だけポートアリスで働くことになった。このプラントの製品は米国、南アフリカなどへ輸出されているが大部分は日本ゆきなのだ」

離脱問題、「会社町」の奴隷労働を白日のもとに

この二つの組合はいわば異母兄弟だ。労働者たちは互いに顔見知りで、「31」に属していたものも多い。旧名「カナダ日本人労組」が長い間の働きかけの末、一九二七年、晩市労組会議（ＴＬＣ）に加盟を認められ「キャンプ・ミル労組」となったとき、「ローカル31」にしたのだ。また白人のパルプ労組がポートアリスで組織化に成功したとき、「31」との競合を避け、その言語別支部を「３１１」としたという経過があった。どこの世界もビジネスの境界争いは微妙だ。

ＴＬＣは一九二九年五月、機関紙で「ＢＣパルプ製紙会社の奴隷労働」と題して大きなキャ

ンペーンを張った。岩下今朝弘は日本人労働者を代表してＴＬＣに支援を求めていた。その一つが、組合としてこの会社の晩市でのストアから物品を購入しない運動、すなわち「商品ボイコット」運動だ。米加の組合が会社の不当労働行為などでよく使う戦術であった。会社はどこまでも貪欲で、ポートアリスという会社町で、労働者を賃金、社宅、学校などで縛ったあげく、会社経営の商店で日用品を購入することを強制した。日本人は味噌、醤油、米などのエスニック食品の欠乏に困ったわけだ。なにしろ会社の通船で何日もかけねば晩市など大きな町にゆけない僻地のカンパニータウンだ。

日本人は、Co-op（生協）などの援助をもとめていた。英国のコモンウェルス（英連邦）の一員だったカナダはその影響で消費組合運動はさかんだ。労組には「ユニオンラベル」戦術があった。生協のほか組合に協力的な会社や商店のものを購入しようというもので、組合がラベルを作って商店にくばった。新聞『レーバー・ステーツマン』にも「ピーターパン・カフェ」、「ドミニオン家具」「晩市トルコ風呂」といった広告が並ぶ。「トルコ風呂」というのは蒸し風呂らしく、戦後日本に流行したあれとは違う。それ以上はわからない。鈴木悦や梅月高市はさっそくこのアイデアを取り入れ、『日刊民衆』紙に広告出稿を促した。だが、狭いリトルトウキョウのなかでは問題も多かった。

さて、ポートアリスの職場離脱労働者の訴えを聞いた後、ＴＬＣのＷ・Ｊ・バレット副議長と鈴木悦ら日本人組合幹部は事情聴取のためポートアリスへ向かっている。ところが、会社幹部は頑迷で、組合の改善要望に一切応じない。生協への発注は自粛するといってもだ。代表がこの地に滞在しているあいだ中、会社の保安要員が尾行し続けた。まさしく、「奴隷状況」である。また、代表が会社幹部と面会中、ずっと会話を記録され続けた。

そればかりか、会社幹部は当の課題から逃れ続けて、日本人の問題は、日本人の監督（フォアマン）に完全に委ねているのだと言い張った。組合代表団は、会社が態度を変えなければさらなる行動にでると通告したが、態度は変わらなかった。結局、およそ二十人の独身の労働者は、組合代表と一緒に工場を離れ、家族持ちもその一週間後に行動をともにした。

だいたい行政のこれら会社町への開発認可が、すべての事柄での会社の支配を容認していた。町を独立王国にし、土地や人々へのやりたい放題の措置を認可しているのだと『レーバー・ステーツマン』新聞は怒っている。

開発経済というのは、えてして同じようで、会社町をつくった企業は賃金だけでなく、労働者の家族のための生活システム、児童の教育機関、教師の給料、治安を守るための警備要員、その他一切合財を負担するかわりに、そこで生産される利益を確保する全権利を認められていた。鉱山、製紙・パルププラント、漁業・缶詰工場、「蟹工船」など、都市からはなれた「カンパニータウン」は日本もカナダもいずこも似たり寄ったりだったのだ。

一九二九年（昭和四年）から翌年にかけては、たしかに各国の労働運動は高揚していた時期である。不況、ロシア革命の影響、日本でも労農政党が活発化していた。晩市にも安部磯雄や阿部茂夫らがあいついで訪問して各地で講演している。「ローカル31」には複雑な影響を残す。ポートアルバーニ、スプロートレーキ、シャニガンレーキなどの会社町に支部が誕生して勢力を拡大した半面、マルクス主義の影響を受けた「無産青年同盟」が生まれ、深刻な内部抗争に発展する。

この対立、日本の本国でも、各国でも引き起こされていた労働運動のなかの左右対立で、その余波である。しかし、晩市の商人が主導する日本人会幹部や領事館は十把一絡げに「所謂赤化分子（鈴木悦一派）」とよんで危険視していたようだ。ここでは鈴木悦も「アカ」である。それをものがたる福間豊吉領事から田中義一外相にあてた昭和三年三月の文書「脱船者取締方に関する件」の存在があきらかにされた。

「ローカル31」一〇〇九名に増大

それによると、晩市には二百人の日本人脱船者（即ち密入国者）がおり、鉱山、パルプ、工場にもぐりこみ、その多くを「鈴木悦一派」が取り込んでおり、残余は「這個隊《しゃっこたい》」という博徒・ゴロツキの一派になっている、と。これに対して、日本人労組は『日刊民衆』紙で反論、労働会議のバーシー・ベンゴフ幹事の名で、日本政府あてに抗議文を送った。さすが、カナダのTLCからの抗議とあって、外務省からはきちんと受領の返信がきている。あたかも、日本海軍の練習艦隊がカナダ海軍との友好をふかめようと晩市を訪問してキャンペーンを張っていた時期でもあったからだ。

鈴木悦はこの機会をとらえて、「ローカル31」の立場から、カナダの労働事情について長文の論文を『日刊民衆』に連載しはじめた。この論文、鈴木悦の思想を代表するなかなか論理的な長い文章であったが、労働者がこれをどれほど理解できたかは、別である。

しかし、鈴木悦の考えをよく示しているだけでなく、当時のカナダの日本人の状況や「ローカル31」の活動状況を精緻に記録していてとても重要な文書だ。

当時、労働運動全体では、アメリカに本拠をおく「国際組合」がカナダの組合を傘下におさめていた。「国際」（インターナショナル）はプロフィンテルン、すなわち「赤色」組合で、こちらはソ連が本拠だ。米国系のねらいは、社会主義の波及を遮断することだった。

米国の熟練工や職業組合を組織していたＡＦＬ系の組合は移民を主力とする非熟練工を排除していたから、保守的で人種差別的であった。移民には祖国で排斥され、亡命していた急進的な分子が紛れ込んでいたからだ。その論理の延長で日本人や南米・欧州系の労働者には加入の門戸が閉ざされていた。

ＡＦＬに対抗して、カナダではＯＢＵ（ワン・ビッグ・ユニオン）すなわち人種や仕事に差をつけない組合が生まれたが、ＡＦＬ系の一八六九支部十八万人にたいして五十支部一千九百人、サンジカリズム系のＩＷＷにいたっては七支部四千四百人しかいなかった。その他もあわせて、二六〇四支部二十九万人余という。このうちＴＬＣが四万六千人余で一六％ほど。それでも、カナダでの影響力は大きく、やがて社会民主主義を定着させる政治的運動にものりだす。

第4章 カナダ労働党と日本人労働者

鈴木悦、梅月高市らカナダ労働党に参加する

カナダは米国と国境を接しながら、政治的傾向としては宗主国・英国の影響をうけていた。イギリス国王を戴くコモンウエルスとして、社会主義嫌いの米国と多少肌の色はちがっていた。

在加日本人が、二十年も三十年も生活し、言葉、生活風俗、技術を身につけるようになると、仕事が限られ、軍部のいばる日本よりも、カナダに長く住みたくなる。自然も物も豊かだ。教育レベルも高く、二世が白人と同等とまでゆかぬまでも、日本では受けられない内容や水準のものを得られるようになる。なにより自由や人権が比較にならない。就職や資格に高い壁があったものの、である。

カナダ永住の気持ちの温度差はひとによってもちろん違うが、「富裕」な事業家より労働者、日本への「愛国的」な人より「労働運動」に影響された人のほうが早く、強かったとおもう。労働運動には、さまざまな民主的な権利を擁護しようという筋肉がかくれていたからだ。

早い話が、労働者が普通の生活をしてゆくための民主的な仕組みに関心をむけだした。市民権（カナダ国籍をうること）とまでも言わないまでも、差別なく平等にいきること、普通にカナダ社会に尽くすこと、公務員、専門職業者、兵士として働くことである。

そのためには、カナダの政治にかかわることが大切だと思うようになった。その指導者がやはり鈴木悦であった。鈴木は、一九二八年八月十日の『日刊民衆』で「労働階級の政治運動」という論文を書いた。

考えてみると、日本の労働組合が日本国内、国外をとわず、日刊新聞を発売したのは、この晩市の『日刊民衆』だけである。その発案者・鈴木悦のアイデアは『デイリー・ヘラルド』がモデルであった。この新聞、ある時期まで英労働党とぴったり行動をともにした。鈴木はつとめて『日刊民衆』紙上で労働党の記事を紹介した。

「ローカル31」や『日刊民衆』は、また「民衆購買組合」を組織して、英国発祥の「ロッチデール式消費組合」として喧伝した。これは収益事業だけに、のちに組織内に面倒な問題を引き起こす。ともあれ、なんでも英国式社会民主主義だった。

カナダでの労働党は難産の末、一九二一年、カナダ労働会議の手で生まれるが、基本方針を「労働者の政治的勢力を結集する」とした。日本人は選挙権はおろか、市民権その他多くの権利を奪われていたため、鈴木や梅月はこの労働党に飛びついた。

日本人もカナダにとってマーケット

カナダ社会はかってなもので、日本人やアジア系住民が増えるとこまるが、社会や経済にとって必要なパートナーでもある。消費者でもある。とくに日本人が勤勉で、教育水準も高く、特定の仕事では不可欠であった。食糧を供給する農業、食品流通、庭師、漁業における缶詰などの加工漁業、鉄道の保線、炭鉱、沖仲仕など低賃金で危険な作業に日本人の就労する隙間があった。その最たるものが木材の上流（伐採）から川下（各種ミル）にいたるカナダの基幹産業であった。

白人はこのカナダ発展の基幹部分に日本人を必要としながら、排斥した。「低賃金で白人の足をひっぱる」というのにも理はあり、事実白人のユニオンが賃上げ要求の争議にはいると、スキャップ（スト破り）として雇われたのは常であった。この白人の言い分を壊そうとしたのが、鈴木悦、梅月高市らの「ローカル31」であったわけである。

日本人排斥の理由のなかには、根も葉もない偏見、白人優越主義、先入観が多いのだが、賃金問題は深刻で、日本人のユニオンの組織化と白人労働運動との提携という理念は正当であった。だから鈴木悦らだけでなく、ときの晩市の浮田領事も公然とユニオン支持を唱えた。

浮田領事はスワンソンベイ争議のときには、日本人にストライキ・ブレーカーにならぬように説得さえしている。梅月の不朽の文章に「キャンプ・ミル労働組合十年史」がある。鈴木悦が晩市を離れた翌年の一九三〇年七月十二日から、『日刊民衆』に三十二回にわたって連載された文である。私は、この新聞クリッピングを入手して整理、いいだ・ももが責任者になって編纂した叢書「思想の海へ」の第26巻『海外へユートピアを求めて』（社会思想社、一九八九年）に収録した。

「十年史」によれば、「一九二〇年五月三日にはスワンソン・ベイにおいて日、白、支人協同のストライキが勃発した。三者が協同戦線をはって会社に対抗した。同地就労の日本人七十九名が満場一致でサインした」とある。ところが、日本人は白人で就労を開始したものがあったのを奇怪として、サインした誓言を破ってスト破りに同調、ストは敗北に帰したという。このときの「日本人ボス」が服部久介、門田勘太郎ら鳥取県出身の労働者だったとされ、長い間の「確執」となったようだ。

世の中不思議なもので、ずっと後になって、戦後、梅月と鳥取県出身の労働者とは親戚づき合いになるが、鳥取県とカナダ移民労働者のことをすこし掘り起こしてみたい。

まとまって行動した鳥取県出身労働者

梅月が親戚になるひとりに、フランク森次、ハビー・モリツグがいる。兄フランクだけなぜ姓を漢字にしたかというと、生後日本での教育を少々受けたフランクは姓を漢字で書いたことがあるからだ。かれは、ポートアリスに一九二二年に生まれ、のち高等教育をカナダでうけ、戦後は『トロント・スター』記者として、カナダのジャーナリズムのメインストリームで仕事をした最初の日系人となった。戦時下の収容所での児童教育についての著書もある。私は、モリツグ兄弟にすごく世話になったが、それはずっとあとのことである。

森次の父親と伯父は鳥取県の米子付近の村から渡加した。はじめ農業についていたが、そのうちパルプ工場のできるポートアリスへ移って木材関連の作業につく。この地に日本人、なかでも鳥取県人が集団的に働きだす嚆矢だ。鳥取県でも、海に開けているという事情もあってか、初期のカナダ移民は境港や米子周辺からの若者が多かった。いまは「ゲゲの鬼太郎」で知られるように、境港の町は世界にひらけている。海外で仕事をした人は多い。ここ上道村からも二十世紀初めにかけてなんどかにわかれて百数十人の渡加があった。

「門永」という姓の集団がいた。そのひとりに一九〇七年（明治四十年）生まれの門永文がいた。門永文は父・七太朗らとバンクーバーにつくまで日記をかいていたが、それが文の長女雪子の手元にのこされた。さらに門永文吾の手で『カナダ渡航記』（一九八二年）として自費出版された。かれは名前のように文才があったとみえ、じつに詳細に渡航の様子をえがいている。

境港を小型の内航船で、江戸時代の「北前船」よろしく関門海峡経由で神戸まで運航し、ここで六千トンの土佐丸に乗船、横浜経由でカナダへ向かうのであるが、移民労働者の平均的な教育レベルや意識がよく表れていて貴重な記録である。文も当時の平均的な学歴「高等小学校」（八年間）を終了しての出国で、日記には船内の様子、出国手続き、乗船者の横顔など物珍しく綴っているが、誤字もなく、観察もこまやかで、日本人労働者の教育水準の高さがわかる。

乗船はもちろん三等室、二十個ほどのベッドがおかれた小部屋が数室、荷物をまとめていれておく納戸、女子向けの相部屋などだ。食事は階下のメスルームでのセルフサービス、トイレ、風呂は階下と詳しい。境港を出港して二十二日目、横浜からは十七日目に、ヴィクトリアに到着。カナダ入国は西海岸最大の都市バンクーバー市から三十キロほど沖合に横たわるバンクーバー島のヴィクトリア港に着岸して入国審査を受けるきまりであった。したがってヴィクトリアには日本人を一時的に受け入れる旅館や食堂、雑貨店もあった。このヴィクトリアから内航船でバンクーバー港へむかい、はじめて仕事などの身の振り方がきまる。

晩市へ到着すると、境港の「弓浜」集落からきている先行移民たちからの歓迎会を「南前旅館」でうけ、さらに「日本人ハウス」の並べられたベッドに父や伯父ら同行者と宿泊する。どうやら、このハウスが同郷者の定「ヤド」になっていたようだ。

日記はここで終わっているが、日本から渡加した労働者たちの行程を事細かに記録していて貴重である。初めてみる町や、生活の様子、機械化された製材など、見るもの聞くもの、驚きの連続だったと、当時の日加の文明度の差がしめされている。文が製材などに関心をよせていることは、カナダ到着以前に書いており、先輩や同行者からいずれ木材産業に仕事を求めると聞かされていた証拠である。

門永文吾の著した小冊子には、この文の日記のほか、門永自身が調べた初期の鳥取県出身者の木材産業への進出がまとめられている。

メイン・アイランドへの足掛かり

門永文吾の冊子はメイン島への鳥取県人の伐採入植について足でくまなく調査している。研究者の社会踏査のごときである。メイン島をふくむガーフ諸島は北米でももっとも美しい多島海である。数百の小島がバンクーバー島と大陸側との間に散らばっている。さきの門永文の日記でも、ヴィクトリアからバンクーバー市へ向かう内航汽船に乗船しているとき「全く数十か数百かの島山ばかりの中、巾は只一町か二町で、境海峡よりまだ狭い。まれに灯台。人家は万松の中より頭を現し」と書きとめている。

境港の周辺も景観であったが、ここはその比でなく、乗客の日本人も甲板に黒だかりになって固唾をのんで見とれていた。文はどの島も覆う「万松」に驚嘆した。これから木材産業にたずさわる者として深く印象に残った。当時の写真をみると、どの島も鬱蒼とした森林に包まれている。

境港出身の門永権太郎が一九〇〇年（明治三十三年）にこの島に百六十エーカー（六十四ヘクタール）の原生林を購入して材木の切り出しを始めてから、つぎつぎと鳥取県人が入植しだした。カナダ移民の鳥取県人の名前は「県人同志会」という郷党組織がうまれたおかげで残っているが、それをみると、門永のほか足立の姓が多い。この足立家族のなかからのちにカナダの日系人二世の卓越したジャーナリスト、ケン・アダチのような梅月高市の盟友や、梅月の新聞を支える松下一郎、森次正春の一族からはフランク・モリツグのようなジャーナリストがでてくる。梅月のカウンターパートとして名前を残す門田勘太郎もこの鳥取県からの移民のひとりであった。

『カナダ製材労働界の大ボス・門田勘太郎』

これは、門田の一代記を自費出版の小冊子にまとめた西尾愛治の冊子の表題である。西尾は鳥取県知事もつとめたが、よほど県人の海外展開に関心があったとみえて、何度も北米、カナダ、ハワイ、南米に調査にでかけている。その報告書のひとつが『門田勘太郎一代記』（一九七四年）という非売品の小冊子である。

私は、鳥取県、なかんずく米子市周辺にはずいぶん足を運んだ。その都度、鳥取県人の北米雄飛の事実にふれ、貴重な資料に出くわした。門田の記録などもその際に手に入れている。鳥取県、とくに山陰の大阪とたとえられる米子は江戸時代から全国への商業・情報活動に活発だ。隣接する境港の町はその活動をささえる交易・漁業・造船産業が栄えた。

現今も魚市場、加工工場、造船所群は圧巻だ。門田やその「配下」の人たちも県外雄飛、造船に慣れ親しんでいた。船大工、製材工、大工や内装職人も多々いたわけだ。

さて、この門田報告書のもとになったと思われるのが、門田が残した三点の覚書である。いずれも、手書きで門田の出生、渡加の事情、スワンソンベイでの職場指揮の詳細な記録である。どれも未刊行の貴重な資料で、日本人労働者の作業、自治、鈴木悦・梅月高市との折衝や確執がことこまかに記録されている。これは、日本人労働者の様子を知るうえでも興味深い。

まず、出生以来の記録。

門田は鳥取県東伯郡羽合町橋津（現在の湯梨浜町橋津）に一八八二年（明治十五年）に生まれている。日本海に面した港町である。藩役人が収納した年貢米五万俵以上を搬出する一時保管の藩倉十六棟があったとされる。

門田の家業は造船大工のようだ。少年時もっと大きな仕事をしたいと考えて北海道に渡り、近代的な造船や製材のビジネスを学んだらしい。二十三歳のときに、一足早く渡加していた兄を追ってサンフランシスコ経由でカナダへ雄飛した。

他の日本人とちがうのは、カナダへ到着するやすぐ、メソジスト系の教会で洗礼をうけ、四年後に帰化してしまったことだ。「出稼ぎ」気分の強かった日本人と異なり、はやくからカナダの土になろうとしていた。したがって、カナダでも都市にすむことなく、スティブストン、プリンスルパート、スワンソンベイ、イングルウッドといった材木のカンパニータウン等にながく住んだ。一番長く働いたのはイングルウッドであった。

スワンソンベイでは二度勤めている。最初は一九〇七年、しかしここは一九一二年に経営難で閉鎖。英国に本社があり、三井にパルプを販売していたが、コスト高でつぶれている。当時の写真をみると、プラントから積み出しの埠頭までコンベアーが伸び、なかなかの近代的な工場である。日本人労働者は海上に張り出した木造三階建ての住宅に住まわされた。その建設も日本人大工の手で進められてきた。

門田は作業も英語も人一倍研究熱心で、人望もあったため、白人監督のもとで「日本人ボス（親方）」として遇された。仕事は、労働者の募集、管理、英語学校の運営、風紀の粛清など多方面にわたったが、もっとも頭をいためたのは、酒、賭博、勝手な欠勤といった日本人の生活や風俗の乱れであった。

すでにキリスト教に入信して清廉な生活を求めていた門田に、白人の監督もなにくれとなく相談、会社側の個人記録も好評だったのはうなずける。

スワンソンベイの会社倒産の一年前、郷里の姉二人のあいつぐ不幸もあり一時帰国した。そのとき、村での歓迎会で門田が挨拶しているが、そのときの言葉がおもしろい。「私はカナダで一介の労働者として真っ黒になるまで働いているに過ぎない。ただ日本人排斥のなか、大和民族の体面を汚してはならないと一生懸命努力している」

「日本人、大和民族の体面を汚すな、誇りを持てという」のは、日本人が異国での差別や苦痛のなかで互いに戒め会い励ましあう合言葉であった。いずれ日本に帰国する際、白人を見返してやろうと心に秘めての毎日であった。だが、門田はカナダへ帰化（市民権の獲得）したはずである。この矛盾をどう説明したらよいか。

移民労働者の宿命、「二つの世界」

カナダは少数の先住民（先住カナディアン、すなわちカナダ・インディアンやエスキモーとよばれたイヌイット）をのぞくと移民社会である。割合こそ違うが、これは南北アメリカ各国共通だ。移民の二世はともかく、アジア人も白人も生まれ故郷と移民先の国とのあいだの狭間のギャップに苦労する。ことば、食事、宗教、生活習慣、ことごとく「二つの祖国」「二つの世界」に生きてゆかねばならない。とりわけ差別や排斥の激しい日本人には苦痛の毎日であった。

ではなぜ帰化したのか。近年、日本に来るアジア系の留学生や労働者にも「手段」としての日本への帰化、国籍取得者がふえている。門田らのこの時期の帰化も実は「手段」としての市民権の獲得ではなかったろうか。カナダの市民権を得ることで容易になることが多い。仕事のうえでのライセンスである。公務員や弁護士とはいわないまでも、カナダの国有林での労働や漁業等、外国人の参入を拒否していたビジネスを念頭においていたのである。この「二つの世界」の選択は太平洋戦争がはじまると、抜き差しならぬ問題をつきつけるが、それはのちのことである。

さて、門田が帰国しているあいだに、スワンソンベイでの事業に変化があった。資本の交代による工場の再開である。資本の側に評判のよかった門田は、すぐ就労を求められた。他の日本人労働者で、好勤務のレコードのあるものも呼び出されたが、門田にはその引率者となってくることが求められた。そこで門田は一九一六年六月、八十人の日本人をひきつれて晩市の港を発った。

閉鎖で荒れ果てていたプラントは、門田ら日本人の到達ではじめて操業を再開できたのである。七月にまずソーミル（製材職場）、八月にパルプミル（パルプ工場）が動き出した。このように、スワンソンベイは日本人の手で再建された。門田には当時としては破格の月給二百六十ドルが支給されたように、会社にとっても不可欠な人材であった。

ポートアリスへのプラントの拡張

門田は一九〇八年には、すでに労働編成上の「ボス」だけでなく、「ヘッドミルライト」（製材部主任）という職制上の管理職ポストへの昇格試験に合格していた。個別の作業だけでなく、製材の工程を熟知していなければこなせないポストだ。会社にとってはきわめて重要なポストだ。たぶん、カナダの製材産業界全体で日本人のブルーワーカーが到達できた最高のポストだったろう。

「ボス」は日本人労働者にかぎらない。白人、アジア人、など言葉の不自由なエスニック集団では、集団ごとに「自然発生的」に存在した。「ヘッドミルライト」はちがう。「ミルライト」というのは、もともとは「水車大工」という意味で、通常の大工（カーペンター）とちがい、機械をふくめ工場全体の設計・建造・保守のできる仕事だ。門田はそのトップだ。会社が門田に眼をつけたのは、ポートアリスのプラントの再開にむけて休止していた工場の調整・修理を依頼したからだ。

すでに、他の白人のミルライト達に瀬踏みさせていたが、かれらは一週間の休業を前提にしていた。門田は土曜日の終業から、月曜日の始業までの休日のうちに完遂することを約束、実際、三、四十人の日本人で昼夜兼行、達成してしまった。門田や日本人労働者の声価は否が応にも高まったことはいうまでもない。

門田にはこのあとも、パルプ資本がつぎつぎに開発する仕事がまいこむ。かれはその需要に応じてイングルウッドなどの新鋭のプラントがうまれると日本人労働者を引き連れて移動した。いずれも、カナダ西海岸とバンクーバー島とのあいだの狭い海峡をはさんで建設されたプラントである。門田は都会である晩市にゆくのは所用のときだけであり、だいたいは、入江の奥のカンパニータウンであるプラントや工場、または島嶼の施設で過ごした。

　鈴木悦やかれを相続した梅月高市らの「キャンプミル労組31」や『日刊民衆』の幹部たちが、主として晩市、それも通称「リトルトウキョウ」とか「パウエル街」とよばれている日本町で生活していたのと違っていた。この違いが、ものの考え方や日常行動に反映していたのもやむを得なかった。

第5章 イングルウッド・ミルでの「住民自治」

「キャンプミル労組31」と清和会

梅月たちの「ローカル31」は組合意識のつよい労働者の個人加入であったから、中小の製材所や街頭的な労働者も加入できた。反対に、連絡不便な島嶼やカンパニータウンの近代的なプラントでの加入はすくなかった。というよりも、労働者の意識にかなりの温度差があったからだ。

伐採キャンプ、製材工場、パルプ・プラントなど、まとまった人員の日本人の就労している職場では、もともと日本人がばらばらに働いていたわけではない。第一、言葉が通じない。会社との間にたつ「ボス」といわれる親方が統率していたし、独自の自治会をつくっていた。晩市市内にあった「アルバータ製材」の八十人余の日本人労働者をたばねた「アルバータ親和会」などは一九二一年二月、賃下げに反対して五十日間もの罷業をおこない、「ローカル31」に支援を求めてきている。

この時には組合側が敗北しているが、自治会はそれぞれ労働者の権利を守る上で、意味があった。

門田勘太郎の指導で生まれた「イングルウッド清和会」もその好例だ。一九二六年に発足し、門田がその会長になった。直接の目的は福利増進で、疾病時の相互援助、娯楽、スポーツ、ピクニック、講演会など、ときに白人を交えて実施、会社も野球グラウンドの提供、クリスマスでの日白児童の交流など協力した。労務管理にはちがいないが、人里離れたプラントでは有用であった。

「ローカル31」と清和会、労働者は当初、双方に加入していた。門田の覚書には「ある時、組合の鈴木悦、露木海蔵氏等が組合員募集と支部結成に来たこともあった。彼（門田）は支援して全部組合員になった。然し長い間に蒔いた排斥の根は一朝にして消えるものでない。門田は優秀な技術者として、またよき労働者であることが大切と信じ、事に対しては実に厳重であった」という要旨のことを書きとめている。

また、「理想論のみにはしり、仕事をさぼるような傾向は排斥した。時に専制ボスとして刻印をおされたが意にかいさなかった。ボスとして一銭ももらってない」とのべて、仕事にも組合活動にも厳格な態度でのぞんだことを認めている。イングルウッドに支部ができたのだが、詳細は、はっきりしない。門田の手記にも記録はない。

『日刊民衆』も大半が失われていることもあり、イングルウッドでの活動記録はみあたらない。もうひとつの理由がパルプ・プラントや製材所が好不況の影響と、伐採生産のため、不況時には生産を停止し、また資源が枯渇するとそこを放棄して別の地点へ移るという収奪産業であったため、産業組織も安定的でなかったためだ。

このイングルウッドも、スワンソンベイも地名さえ草生してしまっている。ここのプラントも間もなく生産をとじる。ともに、現代カナダの余程の専門的な地図にも、地理事典にもみあたらない。

門田勘太郎とチャーリー・カドタへの名誉学位

門田は、最終的には「カナダ国籍」をもった市民としてカナダで人生を全うするわけだが、日本とのあいだを何度も往復している。カナダへわたってから一度も日本へ帰国しなかった人たちを何人も知っているので、その点では好運かもしれない。

一九六〇年代、米加にいたころ、相当大きな都市でも、日本人・日系人一世に会うと、なつかしそうに「日本人ですか」「日本には行ったことがない」という人に出会ったものである。カナダだけでなく、南北アメリカにおよそ四十年間ほど調査や生活、学業のために滞在したが、日本語を話せない人は別にして、「日本の土を何十年も、日本をはなれてから一度も踏んでない」というひとのいかに多いことか。農村部では、日本で生まれて、渡米してから一度も帰らないという老人によく出会った。

門田は鳥取での家庭の事情、結婚、労働者の募集・引率でなんどか帰国している。また戦時中の日本への「忠誠」を理由に強制的に帰国させられてもいる。これは門田ひとりではない。

門田は鈴木悦、梅月高市とはまた違った意味で日本人木材労働者のカリスマであった。かれの波乱万丈のカナダのランバーマンとしての生涯は梅月側の資料だけでは読み取れない。文字通りヤマありタニありであった。かれの個人的な努力や能力というより、戦争という荒波にもまれての航海であった。ここで取り上げた「門田文書」以外にも、『大陸日報』『日刊民衆』、日本人ランバーマンたちの無数の手紙、メモ、個人文書でこの不世出の指導者の横顔は描けるまことに興味尽きない人生である。

こんなとき、偶然カナダで発行する英字誌『ブレティン』の二〇一二年十月号が門田勘太郎と妻の繁野《しげの》との間の第五子（三男）、チャールス・H・カドタの特集をおこなった。

この雑誌によると、C・カドタは一九二二年、スワンソンベイで生まれている。父の勘太郎のパルプ・プラントや住居の移動にともなってバンクーバァー島北部の小さな町、テレグラフ・コーブの小学校、晩市の南にある新西院（ニュー・ウエストミンスター）の高校にまなんでいる。テレグラフ・コーブという町が比較的大きく、イングルウッドから一番ちかい小学校の所在地であった。

大きなプラントには小学校はあったが、中高となると、晩市などに求めざるを得ない。プラントで家族をつくり就労しているものも、子弟の教育にはあたまをかかえた。離職して晩市へ新しい職場をみつけるか、子弟だけ下宿させるかであった。複数の子弟がいる場合、そのうちの何人かを祖父母のいる日本に帰国させて教育するかであった。後者はバイリンガルの能力を身につけるか、日本語・日本文化が主になるかは難しい選択であった。カナダ生まれなので、カナダの市民権（国籍）をもつことになり、最終的にはカナダにもどっている。チャーリーの場合、カナダの高校を優秀な成績で卒業し、「ＢＣ州での最高学府」ブリティッシュ・コロンビア大学（ＵＢＣ）に入学した。チャーリーに会ってみると、小柄な日本人のひとりには違いないが、知的な崇明な考えにおどろかされた。

さて、ここからが運命の歯車に振り回される。ＵＢＣでは陸軍士官候補生の教育もうけている。ところが、入学するや太平洋戦争が勃発し、一九四二年春には学業を中止して、日本人・日系人を強制収容する施設に押しこめられることになる。戦後もカナダ国内を転々、最終的に晩市で事業をおこして終《つい》の棲家《すみか》とした。

カドタは日系コミュニティにも貢献し、よきカナダ市民として活動している。そこで九十歳になった二〇一二年、戦争で学業を中途で終えなければならなかったＣ・カドタのために大学は名誉学位を贈った。『ブレティン』の記事はこのお祝いでの大学関係者のあつまりである。大学によると、中途退学して生存している日系人はわずか十一人になっている。

山本宣治と仲間だったと『門田報告』

父門田勘太郎の戦前の生涯の過半はスワンソンベイとイングルウッドでの木材・パルプ事業での労働であった。製材工程に熟知し、木造船の製造で技術をもち、労働者をリクルートし、統率、訓練するうえで、経験と知識をもっていた。

戦時の日本への帰還船で一時帰国しているあいだでさえ、日本の軍部の要請で木造の上陸用舟艇を大量生産したり、また必要とあれば、閉鎖したカナダの製材工場を借りて日本人労働者だけ集めて操業し、利益をあげるなどの仕事をやってのけた。門田にとってなによりも技術と仕事への熱意が第一であった。だから、労働者にも理論、理屈よりも、仕事の腕を要求した。

門田にとって、技術は社会制度や生産目的にたいして中立であった。これが、鈴木悦、梅月高市らの「ローカル31」の方針とちがっていた。しかも、門田が指揮権をもつパルプ・プラントや伐採・製材職場は、晩市から遠くはなれた島嶼や森林のなかであり、通常の商用交通機関ではたどり着けなかった。企業の専用船、運送船でのみ通船が可能だったのである。

門田は、木材生産だけでなく、木材市場にも精通していた。イングルウッドの工場が不況で一時、閉鎖したとき、原料としていた丸太材が山の斜面に放置されて腐るにまかされていることを知ると、会社と交渉して一括買い取り、日本人の失職している労働者をあつめて起業して利益をうるなどの商才も鋭かった。関係者は山の斜面にころがる丸太のヤマを一目見て、その総量、市場価値、利潤の算出、必要工程や必要労働量を即座にわりだした門田の能力に舌を巻いたものである。

日本人のあいだで『日刊民衆』の読者や支援者の側でもっとも尊敬されているのはたぶん鈴木悦と梅月高市だろうが、その対極であるランバーマンたちの側で尊敬されているのは門田だろう。その源泉が仕事にたいする熱意、厳しさ、経験や知識だろう。

だが、もうひとつは日本人労働者への生活態度の厳正さである。キリスト教にはやくから帰依し、風紀の粛清に努力したことは前述したが、その協力者が「ローカル31」の創設時の幹部であるJ・二瓶熊吉であることはおもしろい。ジョン・ニヘイこと二瓶には一九八〇年代に晩市でインタヴューしたが、改良主義だと梅月らには批判的であった。

梅月には木材労働者としての経歴は皆無に等しいが、ニヘイは根っからのランバーマンであっただけでなく、一九二〇年の晩市市内のアルバータミルでの「ローカル31」の最初の争議のときには、生まれてまもない組合に資金がなく、争議続行が困難になったとき、二瓶は手持ちの資金から五百ドルを用立てている。

二瓶には組合運動の大先輩という自負があった。のちには路線で梅月らと対立する時期もあった。スワンソンベイで、門田と二瓶は労働者の風紀是正に努力していたが、あるとき、労働者が作業後、食堂で賭博や飲酒で喧嘩になり、そのうちの一人がバッチャーナイフ（肉きり包丁）をふりまわして乱闘になった。門田と二瓶は即座に、危険をおかして割って入り、事なきを得た、という豪胆な男でもあった。

森林伐採、製材、パルプ、積み出し、いずれの作業も危険で単調な重労働であった。男ばかりの職場や宿舎は、娯楽に飢え、賭博、飲酒、喧嘩を防止するのは容易ではなかった。二瓶らは労働運動をつうじて階級教育をめざし、門田は聖書の購読会、キリスト教の布教、白人教師や牧師をまねいての英語学習等で労働者のこころの隙間風をすこしでも和らげようと努力したのである。

たしかに、門田のスワンソンベイやイングルウッド時代の労働者には鳥取県からの就労者が多数いた。かれの覚書によると、その大半は東伯・西伯郡の出身である。その一覧表をみると、肉体作業の労働者だけでなく、ミールライト（製材所職長）、グレーダー（地均し機）、ブーム（港湾作業）、ワターフィル（水道技師）ギャレージセッター（車庫係）などの技術職・熟練職が過半におよんでいる。

これも、技術、技能を重視する門田らの考えの結果で、目前の賃金の多寡にとらわれることなく、長い目で労働者の地位の向上をねらったためである。これを可能にしたのは短期に移動、転職することなく、終身雇用といかないまでも、比較的ながく勤務する体制があったからだ。晩市との距離が通船で二、三日かかるのもめずらしくなく、労働者の補充も簡単でないうえに、近代的な装置産業として技術的に高度な安定した熟練工を必要とした企業の思惑も働いたのである。

門田がひきいる労働者のなかにももちろん『日刊民衆』の読者や「ローカル31」の協力者もいたが、概して、肌色合いはちがっていた。門田の技術主義思想は、反組合的か、というとそういうわけでもない。かれの一連の行動のなかには、戦後、梅月に教示を乞うこともある。また、門田覚書のなかには、こんな一節もある。貴重な史実なので、少々長いが引用しておこう（一部、現代文や漢字に改めた）。

「一九一一年十一月上旬、スワンソンベイより出晩した。当時、すでに南晩に宅地一セット、またラスキンに農業地二十エーカーを所有していた。

ヴァンクーヴァー出発に際しては当時海軍の大立者、斎藤海軍大将を崇拝する宮城県人、水沢立盛会会長らから盛大な送別会をチャプスイ（庶民的な中華食堂）で受け、教会よりは山本専次氏（原文ママ、山本宣治のこと、石原明之助氏義弟）とともに送別会をうけて同氏と同船美港発静岡丸に乗船日本行きをした。

彼山本専次氏は日本において当時の思想界への凶刃に斃れた」

この文章を理解しやすいように少々補っておきたい。門田がカナダに土地所有が可能だったのは、カナダ国籍をすでに所有していたからにほかならない。このあと、日本人はこの件で非常に苦労する。それにしても、これだけの不動産を所有できたのは事業に成功したからである。

この一文で重要なことは美市（ヴィクトリア）から日本までの船中、山本宣治と同船だったことだ。「山宣」でしられる山本は左翼の闘士。かれは京都の料亭「はなやしき」に生まれ、同志社、三高を経て東大で生物学をまなぶが、一九〇七年から五年間、英語力を高めるために晩市で「スクールボーイ」や肉体労働しながら勉学をする。家庭の影響でキリスト教に親近感をもち、渡加の手ずるは多分、義兄の石原明之助医師だったろう。

石原は比較的はやく難関のカナダの医師免許をとり、日本人町のために献身したことで信望の厚い人だった。日本町にとって日本語を解する医師がどれほど頼りになったことか。山宣との姻戚関係は、石原の妻がいとこ、姉は牧師の鏑木五郎である。いずれにせよ、山本少年にとって晩市で頼りにしたことだろう。かれは、英語のちからを磨くための渡加ではあったが、アメリカでなく、晩市であったことが働きながら学ぶことを宿命づけられていた。

晩市には米国のような留学生ビジネスは未発達であったし、日本人はたいてい肉体労働についていた。山本も大学等での講壇英語でなく、生活英語をみにつけたわけだ。門田同様に肉体労働にも就き、キリスト教会にもかよった。のちに、無産政党に所属し、サンガー夫人が産児制限の思想をもって来日したとき、その通訳をつとめる下地はこの晩市での四年間の「スクールボーイ」時代に養われた。

山本宣治の晩市時代と日本語新聞

「山宣」の研究者の佐々木敏二と私は日本移民学会の創設でともに苦労した仲だが、佐々木は惜しくも六十歳代で他界した。この学会の会長に私がえらばれたおり、佐々木は役員のひとりで、ともに議論することが多かった。

佐々木は、同志社出身ということもあり、同学内でつくられた吉田亮を代表とする移民研究のプロジェクトの中心的メンバーであったが、私も移民学界創設の研究者仲間である阪田安雄らと加わっていた。月一回ていどの会合に東京から出席していたが、私の守備範囲外であるキリスト教関係者の役割など教示をうることがすくなくなかった。

この門田との関係もこれらの研究者から得た知見が多い。山本は生活費を捻出するため『加奈陀新報』の配達をしたという。同紙は鏑木五郎によって日刊活版ず刷りおこなわれたもので、日本人のエスニック新聞として本格化した。だが、社主がキリスト教の布教を当て込んでいたから、一方の大多数の仏教徒である日本人との、また彼らが後押しする日本語新聞とのあいだで摩擦がおきる。

晩市も他の南北アメリカの国の都市と同様に日本人や日本人グループとの争いはつきものだ

ったが、だいたい新聞同士の当てこすり、中傷、非難合戦に終始した。『加奈陀新報』もその例外ではなかったが、山本が配達していた時期にその対立が極端にあったわけではない。鏑木牧師から洗礼をうけていた門田も当然、『加奈陀新報』の読者である。一九三〇年代、日本人の間でのキリスト教の洗礼をうけたものは、それほど多かったわけではないが、たんなる「帰化」のための手段、道具として考えたわけでもない。日本人労働者に巣くうゴロツキ、やくざ、またそれらに食い物にされている悪い風習をあらためる努力があったのである。

労働運動では確執しているかにみえた『日刊民衆』派の活動家にたいしても、門田は好意的である。ふたたび門田の覚書を引用しよう。スワンソンベイのプラントが最終的に閉じた一九二五年の時点で、ここでの十五年間のかれの労働とボスとしての仕事の総括として書いたものだ。

「門田に共鳴し共に同胞の啓発に活躍してくださった方には、優秀な製材の技術者としても、門永友次郎氏、門永繁次郎氏、故木村節文氏、また佐田氏、高嶋氏、安浦氏、後藤均平氏、森氏らも皆共に働いて頂いた方々であると同時によき指導的立場の方々でもある」

このうち佐田種次、安浦茂らはこれまでも、組合の指導者・活動家としてすでに名前のでてきた人たちだ。ここにも、門田の技術、品行、生活を一体とした教育・啓蒙の思想がある。

山本宣治がスワンソンベイにいたという記録はないが、門田はじめ多数の日本人と交流していたことが分かる。のちの山宣の労農党その他での活動の伏線であった。また、自然や人間くさい労働にたずさわり、かれの大学での生物学の専攻とあわせて、日本における産児制限運動の先駆けともなるのである。カナダにおける山本宣治については、大変興味あるものだ。

門田、イングルウッドの巨大プラントへ

「ローカル31」のイングルウッド支部も薄命であった。支部もプラントも一九二六年に設立されて、一九三〇年には工場閉鎖で、ほぼ生命をおえた。まず、イングルウッドとはどこか。まず、カナダの相当くわしい地図でも、専門的な事典でも見つけられない。

西尾愛治の前掲の報告書（一九七四年、非売品）に門田覚書や聞き書きをもとにこう述べている。

「イングルウッドはヴァンクーヴァー島のやや北端に位し、ハーデーベーより二マイル南にあるインレット（入江）に在って、現在エアポートのビーバコープの反対側にある元ニップキンスとよばれた所で、元ニップキンステンパ会社の専用ワーフ（波止場）であった」（文章は現代文に一部直したが、バンクーバー島など多数の日本人が混在して使用しているので、引用の際にはそのまま使っている場合がある）

これを読んで、ＢＣ大学の学生に文章を示したがさらにわからない。多分、戦後での調査だから西尾も直接そこへいったわけでもなく記録の引用だけだろう。私も何度かバンクーバー島をおとずれたが、この地へゆく術もなかった。ただ、カナダ人にきくと、リゾート地として釣りやヨットで、行く人はあるらしい。このあたりは、瀬戸内海のようにバンクーバー島と大陸とのあいだのもっとも狭い瀬戸が数百キロにわたって続いており、とても魅力的な地帯である。

インググルウッドとよぶところは、さらに深いインレットになっており、何棟かの朽ち果てた建物、海にのびた栈橋、貯木場のように繋がれた数百本の湾内にうかぶ巨木の丸太というカナダの海岸によくある風景には出くわすようだ。

ここに製材所やパルプ・ミルを建設にいたった経過を門田、西尾、それにカナダパルプ産業史などをたよりにまとめるとつぎのようであった、とある。

カナダでも古い伝統をもっている「ニップキンス・ティンバー」会社に米国資本の「ウッドイングリッシュ」会社が投資して「イングルウッド」としたとある。したがって「イングルウッド」は地名でなく、もともとは企業名のようだ。

「ニップキンス」といのはどうやら日本人の発音で、もともとは、「Nimpkish」である。先住民である「クワ・クワラ族」のことばで「川」をさしているようだ。このあたりの先住民は漁業を糧にしていたので、「海」「川」「鮭」などにまつわる話や固有名詞が多い。「川」を意味する「紋別」「浜頓別」など「ベツ」の多い北海道の「アイヌ」と共通した風習や習慣が多い。実際、両者は交流や連帯意識がつよい。

北米の西海岸や島嶼には先住民のこの地域での最初の国家という意味をこめて「ファースト・ネーション」（米国ではリザーベイションという）とよぶ区域が多いが、日本人はいたるところで彼らと接触・交渉している。先住民はカナダでは日本人とともに働き、生活空間を共有し、連携している。海岸、森林でも同様だ。先住民との関係はまた別のところでも述べる。

「ニップキンス」湖も万古の森林に囲まれて、この奥によこたわっていたのを、この会社が

「発見」、需要のみこめたアメリカへ巨大な松丸太の伐採輸出をはじめた。アメリカ人が家具や建材で好む節目のはっきりした、いわゆる「米松」である。

だが実際には輸出用の建材として売れるのは一級品で、それ以外の「ヘムログ」「ハルサム」とよばれる部位は、米国内の林材と競合して買い手がつかぬため、当初「ソーミル」を建設して製材にして商品化を試みた。となると、ミルに投資が必要になり、米資本の協力を仰がねばならなくなった。ウッド家である。社名も「ウッド・イングリッシュ」、地名をイングルウッドとした。一九二五年のことである。ここから日本人の仕事がはじまる。門田らのドラマの第二幕である。

第6章　ジョン・ニヘイ、運動家の一生

日本人の熟練労働者とスワンソンベイでの訓練

イングルウッドで製材工場が動き出すと、門田勘太郎の呼びかけで、失業していた日本人が各地から集まり始めた。あらたに日本から呼び寄せた労働者も加わった。熟練工を呼ぶわけだから、家族持ちも少なくない。門田も妻とこどもの同伴である。

ともあれ、一級のパルプ・チップを生産するには、良質の原木が欠かせなかった。門田によると、木のフシ、皮、腐食箇所は絶対にダメ、混入すると買い手の苦情により、大幅な値引きをされた。このため日本人熟練工が必要とされたのだ。

制度的にも、社会的にも差別のひどかった晩市で日本人が山林・木材・パルプの現場で多少なりとも職場を確保できたのも、低賃金だけでなく、勤勉、向上心、技術志向、まじめさ等の日本人の伝統的な勤労観があったことは疑いない。

近代的な「工場制生産」が、就業者を近代的な労働者に育てるのは言うまでもなく、その点、

BC州では、オーシャン・フォールズ、スワンソンベイ、イングルウッドの各プラントの貢献は言うまでもなかった。

スワンソンベイでの問題では、ボスの門田はジョン・ニヘイ(二瓶熊吉)が組合側であったにもかかわらず、その規律性や人間性を評価していることは先に述べた。ニヘイについては、私も何度か会い、手紙、資料の交換、写真の提供をうけている。バンクーバー郊外といっても、サイモン・フレーザー河の上流百二十キロほどの「ホープ」市で余生のたのしみの盆栽に囲まれていたニヘイを訪ねての、いちばん長いインタビューは一九八七年だった。「ボンサイ」は英語化した日本文化で、日本人以外にも愛好者は広がっている。

かっての『日刊民衆』の関係者のほとんどは、戦争中の転居や収用の紆余曲折はあったものの、戦後トロントへ居をかえたが、門田もニヘイもバンクーバー近在にもどっている。それには、戦後、新移民の日本人青年たちのボランティア組織「トナリグミ」によるサポートが大きかったであろう。

パウエル街にも、近郊にも日本人高齢者のための「老人ホーム」もうまれ、日本人パイオニアにとって優しい日本町になっていることがあると思う。ともあれ、訪問したとき、高齢で、節くれだった、太い腕をまくりあげながら熱を込めての説明は、記憶、発言、明瞭で、そのごの手紙の交信でも、日本語、英語ともにしっかりした文章で大変感銘した。

ニヘイは福島県の出身で、十六歳のとき渡加し、肉体労働者として働きづくめだったわけで、いわゆる高等教育をうけたわけではない。だが、論理明晰で、するどい。鈴木悦と意見を異にし、そのながれで、梅月高市ともかならずしも反りがあったわけではない。かれが、鈴木と対立した根底は鈴木の「社会民主主義」思想にたいしてニヘイは、急進的であった。その結果が、「ローカル31」の諸方針への批判であった。

　まず、インタビューと、ニヘイより私への書簡から、その経歴を紹介してみたい。

ジョン・ニヘイのたたかいの一生

　一九八七年当時、私は鈴木悦の評伝を執筆するため、バンクーバーに滞在して、かつての関係者たちへのインタビューを続けていたが、帰国後、それらの情報を補充すべく、かれらに手紙をだしていた。いずれも、懇切な内容の返事をくれたが、ニヘイもその一人であった。

　ニヘイは、明治三十五年（一九〇二年）五月六日、福島県信夫郡佐倉村（現在の福島市）生まれだから、私が訪ねたころは八十五歳をこえていた。しかし、前にものべたように、眼光鋭く、元気矍鑠《かくしゃく》、記憶力も抜群であった。大正八年（一九一九年）四月二十八日、横浜港を出港、五月十二日、BC州のビクトリア港に入港、カナダの土を踏んだ。十七歳のときだから七十年以上前のことだ。月日をしっかり語り、いかに記憶力がよいかの一例である。

　入国ののち、晩市の公立小学校一学年に入校の志望をだし、一週間後に許可がでた。アメリカやカナダに到着したばかりの日本人、その他非英語圏からの移民がよくやるケースだ。移民でなりたち、移民を迎えることで社会の活力の源泉にしている欧米の国家ではありふれた制度である。

小学校から学びなおすという順路は、回り道のようで、その社会に永住しようという人々にとって、結局、もっとも近道の適応行動なのだ。日本からの移民も、鈴木悦のようにすでに日本で大学の英文科に学んできたということがブレーキになって、小学コースをパスした結果、会話はあまり上達しなかった。

ところが、労働者たちは日本では高等小学校（八年間）ていどの教育を受けただけのものが多数であったし、特別の語学教育に浴したというのは稀であった。このため、カナダへ上陸するや、すぐ小学校に入学することを躊躇しなかった。なにしろ無料である。ここで、カナダ人に普通につうじる生活英語が身に就いた。ただし、上陸するや、すぐボスの手で、山中ふかく、また島嶼にあるプラントなどへ投入された場合は英語を小学校で学ぶ機会をうばわれた。門田のように、プラント内に白人講師や日本人牧師をまねいて英語教室を開くなどして語学教育にちからを注ぐこともあったが、通常は日本人ばかりの生活なので十分に英語がはなせない労働者が出現することになる。

それに、病気や失職などの個人的にアクシデントにみまわれると、せっかくの公的教育も挫折する。以下は、ニヘイの私への手紙にみる無念な挫折の顚末である。

「一九二三年（大正十二年）六月Ｊｒ．ハイを卒業、同年九月バンクーバー市立工業学校（一九二一年創立）に入学。同年十一月故郷の母の急死から勉強にならず、落第の可能性も充分にあったので、一ヵ年の学費を無駄にするより、これから働いてと決心して、退学したので正式な学校教育に終止符となりました」（一部省略）

ニヘイの場合、このあとは、おきまりの「デイワーク」や保線労働の生活のなかで、語学や知識、キャリアを獲得してゆく。

『労働週報』の発行を手伝う

ニヘイによると、最初の『労働週報』とのかかわりは、カナダで定職がまだなく「スクールボーイ」時に郷里の先輩から、同紙の地方発送のための、新聞折りたたみの作業の手伝いを頼まれたことからだ。先輩とは、亀岡徳治のようだ。「同じ村の出身で、幼いころから親しくしていて尊敬していた。私が小学三年生のとき、カナダへ渡った」という。ニヘイがカナダへきたきっかけになった人だ。亀岡は主として、『日刊民衆』や「ローカル31」の台所をきりまわす地味な存在だったが、戦後まで長いあいだ金勘定の不得手な梅月たちを援けている。

「スクールボーイ」とは、当時からの用語で、苦学生、学校へゆくために、ありとあらゆるアルバイトで身を立てていた若者の一群だ。白人の家庭に頼まれて、家事、庭仕事、雑多な肉体労働が多い。今風にいえば、外国人の「就学生」といったところ。

その鈴木悦らが組織した日本人労組の事務所にあつまる若者のあいだでは、堺利彦の新しい著書を読んで、唯物論とか、労働問題とか、賃金とかの青臭い議論を活発にしていたようで、「ここで学んだことが多い」という。

すでに述べたように『労働週報』は一部も残存していないので、内容は不明だが、活版印刷ときに謄写印刷だったと推測したい。なぜなら、『労働週報』の終刊をしらせる通知がのこっているが、それがガリ版印刷だからだ。

失業状態のとき、ニヘイになん度目かの離職を経てもたらされた仕事口がオーシャン・フォールズのパルプ工場での労働であった。オーシャン・フォールズは一九一七年には操業して日本人も雇用していたが、名うての悪条件で白人・日本人、たびたび争議を引きおこして、BC州では知られたプラントであった。

ニヘイはこの争議のあと就職したようだが、「ここでは、カンパニータウンの組織がいかなるものか知ることができた。日本人ばかりか白人労働者への教育の必要も感じた」とのべている。オーシャン・フォールズもなんどかのほろ苦い争議の敗北をへて、一九三七年に米国に本拠をおくパルプの国際労組のオルグと、鈴木悦らがプラントにやってきた組合加入を働きかけた。

このとき、会社側がすんなりオルグたちを工場内に立ち入るのを容認したのは、すでに両者のあいだで了解があったのかもしれない。というのも、OBUのような戦闘的な組合運動の広がりを阻止するためにも、「穏健な」国際組合が先手をうつのを得策と会社側は考えたのかも知れない。また折からの好景気で熟練労働者の足を引きとめる効果も計算したであろう。

そのときの様子をニヘイは述べている。

オルグたちがプラントに入った時、言葉の壁からニヘイのような日本人に白人オルグははじめから声をかけなかった。白人労働者が「国際パルプ製紙工組合」の支部に組織され、日本人がおいてきぼりになりそうなため、かねて晩市出港の際、梅月高市に依頼されていた安浦茂は、ニヘイと計らい日本人を説得にかかったが、当初てんで見向きもされなかったらしい。やがて日本人労働者が食堂で大会を開き、組合加入の是非を討論したが、多数で否決してしまった。そこで、「過激派」よばわりされて職場で孤立気味で、沈黙をまもっていたニヘイがつぎの集会で立って、「団体交渉権とはなにか」について演説、安浦も応援して、再度、加入を計ったところ、今度は多数で可決された。

こうして、日本人は「国際組合」に加入、支部をつくった。これは前に、安浦の資料から述べたことがある。日本人が非白人として、白人の組合に団体として加入できた嚆矢であった。以後、組合の会合では英語と日本語の二本立てで議論が行われたとあるから、すでに日本語よりも英語での日常生活になれている二世が同じ職場で働くようになったと考えられる。

いずれにせよ、ニヘイはその立役者として日本人労働運動のパイオニアとしてのプライドがこの手紙には随所に表れている。これは、ニヘイの人生での第一の誇りである。

一九九二年三月、地元ホープの新聞『レッド・ディアー・アドボケイト』紙がニヘイ九十歳の特集記事を載せた際も、人生の誇りとして山林労働運動の組織者パイオニアであったことを強調している。こんなことが、梅月に対して「日本人労働運動史はオレが書くと主張していた梅月にできなかった」とニヘイが指摘する背景なのだ。両者のあいだの長いあいだのわだかまりの一端とおもえた。

ニヘイは戦後も梅月たちの「主流派」がトロントを中心に生活、活動したのに対し、晩市で働き、一九六九年、六十七歳で引退、ホープ市で余生をおくっていた。ここは、戦時中、日本人男子の集団がカナダを東西に貫通する国道1号線の完成のため汗水ながした因縁の場所でもあった。

梅月、一人数役、八面六臂で大車輪

ところで、鈴木悦が日本へ去って死去したあとの『日刊民衆』を担った梅月らはどうなっていたか。のちに、梅月は当時を振りかえって、こう書いている。

「私は『民衆』時代に、長いこと労働組合の幹事もしていて、普通の組合幹事とはやや異なった仕事——あれこれの手続きの援助や世話もしていた。失業救済や老年恩給下付申請の手続きから、色々な代書等、雑多な仕事もしていた関係で、自他ともに、それが一種の習わしみたようになって、『ニュー・カナディアン』においてもそれが続けられている」(『ニュー・カナディアン』紙、一九五八年六月十一日)

いつでも、組合の幹事や小新聞の編集者は「二十四時間コンシェルジェ」のようなものである。この任務なくして、白人社会で、立場のよわい日本人を守れなかったからだ。

『日刊民衆』自身も、日系コミュニティのなかで、その一員となって助力を仰ぐいくつものプログラムを用意している。その一つが「民衆購買組合」だ。これも、労組同様に、イギリスに範を垂れるアイデアだ。一九二八年三月、「生活の安定と向上をめざしたロッチデール式消費組合」をキャッチフレーズに設立された。

「ローカル31」が、ながい運動と交渉の末、白人だけだった組合運動のナショナルセンターの「カナダ労働組合会議」（ＴＬＣ）とその晩市地方組織に加入を認められた一九二七年八月、「日常生活の自治の確立」をうたって「購買組合」を組織した。翌年三月には非営利法人として認可されている。

ＴＬＣが取り組んでいた「ユニオン・ラベル」運動は、労働運動に同情的な企業と提携するというよりも、「組合員がつくった商品」ということで、不当に低い賃金労働者（とくに海外や移民）の企業を排除したり、不当に組合運動に干渉する企業のボイコットなどをうたった米国ＡＦＬの指導によるものだった。現代の「フェア・トレード」運動にも通じていた。

「キャンプ・ミル　ユニオン　ローカル31」が正式名だが、正規の大会は毎年一月におこなわれていた。一九三一年に組合代表になった宮沢八郎の子供で戦後やはり組合運動に投じたジロー・ミヤザワにきくと、山奥のロッギング・キャンプなどで働く日本人労働者が雪でレイオフされて、晩市の家族のもとにかえり、正月をすごすので、この時期に組合の重要な行事が行われるようになったのではないか、という。このミヤザワ、戦後「国際自由労連」の駐日代表として東京に派遣されている。

その一九三一年の「ローカル31」の大会は、おりからの大不況で組合員数は減少したが、「購買組合」（ＣＯ—ＯＰストア）の販売額は伸張しているとＴＬＣへ報告している。

おりから現代の輸入食品のように食料品の安全性と確実性の担保の課題もあった。『日刊民衆』にこんな記事がのった。「購買組合の米は、絶対に砂を用いないで搗いた米——無砂米であります。衛生を重んじる方々は無砂米をお用いなさい。砂を入れないから糠も純粋なものであります」。日本国内ではあまり見られない効率性のため籾や玄米に砂を加えて精米するアジア系業者がいたのである。これは、日本人の食卓をなやませた。

消費組合設立の公式の狙いは、組合員のために共同購入をして、中間マージンを排除し、安価に安定的に日用品を供給すること、安心した食料品を提供すること、出資に関係なく一人一票の原則で運営することだ。だが、ニヘイにいわせれば困窮した組合員に現金主義というルールに反して掛け売りしたり、経費がかかりすぎてすぐ赤字体質になったという。「店舗」は当初、主として労組の事務所と共用したわけだが、数年後には『日刊民衆』社の隣に店舗を開いた。経費のなかには、幹部の人件費もあったのではないか、という批判も当然でてくる。給料のこととなると、みな敏感になる。『日刊民衆』の指定商店、指定旅館などもある。キャスケード・ルームス、パークイン・ルームス、信夫屋旅館などは組合員の定宿だったし、経営者が組合員だったところもある。

なによりも、一般の商店とちがいサービスがよくない。商品がおそい、揃わない、左翼の図書など売れ残る、どっちにせよ「武士の商法」であったようだ。このビジネスの後始末が「ローカル31」の重荷になったという。

購買組合が引き起こした問題に、パウエル街の内外で、わずかの需要のとりあいに生活をかけている一般の商店との緊張がある。『日刊民衆』の記事には、「オカナガン茄子」「オカナガン・トマト」など「ローカル31」の支部のある地点から入荷した産直生鮮食料品、日本から入荷した「シマヤ白味噌」「味噌漬楽久」や各種缶詰などがならんでいて、商店の機嫌を損ねていた。

商店街の側は『日刊民衆』への広告出稿拒否などで抵抗、『日刊民衆』は逆に、広告出稿の商店だけから購入しようとよびかけるなど対立は根強い。この対立、長年の鈴木悦らの「日本人会改革」の運動が底流にあった。この「日会改革」問題、非常に複雑で、根深い問題なので、また稿を改めてのべたい。

これらのビジネスとは別に、『日刊民衆』をめぐると、「民衆購買部」の事業として、日本からの書籍や雑誌の予約募集、仲介もおこなっている。実際購入するひとがいたかどうかは不明だが『森鷗外全集』全二十巻、『子規全集』全十六巻、『岡本一平全集』全十巻の予約募集案内がある。毎月一冊配本、月一ドルの支払いと、一九二〇年代の「円本」の影響である。

こんな大きな全集はともかく、単行本や雑誌の購入はひろくおこなわれていた。なにしろ娯楽が乏しいからだ。幹部のひとり露木海蔵のように、映画技師の資格がある場合、映写機とフィルムをもって伐採キャンプ、パルプ工場、農場などを巡回上映し、それを生業にしていた。

労働紹介部の貢献

それでは、労働者はどのようにして就職口をさがしたのであろうか。職業案内というのは、自由な労働市場の形成にとってきわめて重要な要素だ。開かれた労働市場が公正で、機会の平等な、安全な就職口を公共の機能とすることは簡単ではない。どこの国も社会も公正さを保証するのに腐心した歴史をもつ。

都市の未形成な時期には、とくに山林、鉱山、道路建設、漁業などで、「タコ部屋」「飯場制度」「奴隷労働」など歴史にのこる。ことに立場の弱い少年、婦女子、障害者の労働には、要注意だ。「近代的な労働者」と言えないかもしれないが、カナダの日本人の初期移民には、女性の「酌婦」にみられた。

カナダのこの手の女性については、古くは長田正平『加奈陀の魔窟』(一九一〇年)、新しくは工藤美代子『カナダ遊妓楼に降る雪は』(一九八三年)で追いかけているので、ここではふれない。

男子のほうは、社会も時代もちがうので、日本流の「タコ部屋」があったわけでもないが、労働は楽ではなかった。それよりも、オープンな労働市場といえるかどうかは難しい。ひと昔前の米国での中国人労働者の悲惨さは語り草である。当時、「中国」は存在せず、「清国」だったが、清国の「クーリー(苦力)」とか、現代風にいえば「華工」への虐待・悪条件の労働の素地はあったわけだ。だからこそ、晩市では、市内の小さな製材所からスワンソンベイのような巨大なプラントにいたるまで、低賃金や差別待遇に反発した日本人労働者の争議が頻発したのである。

それでは、日本人労働者はどういう回路をたどってカナダで職にありついたのだろうか。典型的なのが、「呼び寄せ」や「縁故」である。労働者を必要とする企業の側も、リクルートする手づるがない。そこで日本人のボスを通じて、郷里の人間をひっぱる。

なんども、ふれたがボスは労働者をリクルートし、運搬し、教育し、契約し、賃金を分配し、不平不満を中和し、家族に送金し、日常の面倒をみる権力そのものだった。住宅、家族、結婚、病気、不幸な場合の支援と手広く労務管理をこなした。企業の都合で閉鎖、移動、新規事業などには労働者はボスに従った。

もうひとつは、個別にカナダへ渡航したり、なんらかの事情でボスの支配を離れたときだ。そのとき、晩市に網を張っている「桂庵」「口入れ屋」がお出ましになる。これも、どこの社会にもある伝統的な職業斡旋システムである。

『大陸日報』から、任意に数例の募集広告を示そう。

「人員募集一〇〇名、場所新西院バークレイ製材会社、来る三月一日より開始、希望の方は左記あてご来社下されたく候。日本人部主任　石田政次郎、新西院第一二街一二一」

「人員至急募集、S・B製材会社、人員七十名、賃金三ドル二五セント以上四ドル五〇セント、製材開始三月十日、申込所、ボス阿部友喜、メリット街八三、責任者今中京一、エンダビー街二四〇」

「人員募集、場所イーグルウッド、二名ヤードグレーダー、一時間四〇セント。数名。ヤード労働一時間三二セント五厘。三月四日申込、前川商店」

このほか、オフィスボーイ二名とかハウスワーク一名といった求人広告が白人の事務所や個人から出稿している。これらの広告をみていると非常におもしろい。あたらしい製材所やパルププラントが開設されると、一度に数百人単位の日本人への求人が発生するのである。これらの求人のチャンネルになったのが、ボスの日本人であり、旅館、貯蓄、汽船の切符販売、食堂、代書などの商人である。その際のマージンが、もちろん前提である。

このマージンなどのシステムに異議を申し立てたのが『日刊民衆』や「ローカル31」だ。『日刊民衆』と組合タイアップの無料の労働紹介所が現れる。

労働紹介所は『日刊民衆』や梅月高市らの一九三〇年代の活動のなかでもヒット事業であった。

第7章 ポートアリスとカンパニー・タウン

山林労働者リクルートの特異性

山林で働く伐採労働者は近代的な装置産業であるパルプ・製紙と異なり、世界中が特異な性格をもっている。とくにその季節性だ。冬山に適さない。キャンプのような集団生活を余儀なくされ、移動も激しい。危険で重労働だ。ＢＣ州の日本人キャンプでも毎週のように、死傷事故が発生した。

この過酷な労働に耐えるのは、若い頑丈な移民労働者だ。ＢＣ州より一足さきに山林資本によって開発された東海岸、とくに米国の大市場にちかいオンタリオ州やケベック州ではスウェーデン、ノルウェー、フィンランド、フランスなどからの移民労働者が使われた。その移民労働者は西海岸では日本人だ。

かれら欧州からの労働者は、言語別にキャンプをはったから、団結も早かった。カナダ労働運動のつねに主役であった。ただ、その母国や就業地のイデオロギーに左右され、ラディカルでばらばらの系統に組織された。だから、米国ではアングロサクソン以外の移民労働者をすごく警戒した。かれらカナダの山林労働者を描いた本にI・ラドフォースの『ブッシュワーカーとボス』（一九八七年）という本がある、

それによると、カナダ材の用途がことこまかに分類されていて、なるほどと思う。水量ゆたかで、冷寒な気候のなか、万古の森として高品質なのだ。珍しいので引用する。建築材、足場材、鉄道の枕木、電信の支柱、屋根・サイディング材、内装材、パルプ、製紙チップ、木造船材・肋材、杭材、家具材、玩具材、文具、フェンス材、薪炭材、鉱山の支柱。いやはや生活や産業のいたるところに使われている。現在もかわるまい。

大陸横断鉄道など、橋梁も、鉄道電信の支柱も、枕木も、蒸気機関車の燃料も材木だったし、保線のためところどころ配置された保線工夫のための宿舎用の中古貨車内の中の暖房用燃料も木材片であった。この保線工夫にも日本人が使役された。

『日刊民衆』をみていると、よく「シングル工」という言葉がでてくる。これは、屋根・家屋の外装・外壁に盛んに使用される「こけら板」「下見板」のこと。寒冷のなか長年かけて生育し、木蝋ののったカナダ材は長持ちするので評判がよかったという。

ここに、カナダの国家としての資産があり、労働者の誇りがあった。カナダの都市化や工業化は東から西へかけて進展したわけだから、木材産業もオンタリオ州からBC州へと移ってゆく。アルバータなどの平原諸州は農業・牧畜が盛んだ。

ラドフォードによると、山林キャンプは一九二〇年、オンタリオ州だけで七九六ヵ所、二万

一三七〇人が働いていた。一ヵ所平均二七・八人である。また、争議の年表を作っているが、いかに多いことか。

ＢＣ州での木材産業も、市場である米国国境の晩市周辺の山林を切り倒すことからはじまる。その代表が日本人に初期の職場を提供した「ヘイスティング製材」だった。

「ヘイスティング製材」には伝説が多い。ともあれ、晩市に集まり始めた日本人が、まとまって近代的な労働者として働きはじめたのがこの製材所らしい。『大陸日報』社が文献や資料からでなく（日本語のものは無いに等しい）、新聞社のお得意の「聞き書き」取材で老人から集めた話を中心に編集・出版されたのが『加奈陀同胞発展史』（明治四十二年／一九〇九年）。同ミルにたいする話はだいたいその後の歴史本のネタ元である。

先住民の集落が散在し、日本人も白人も宿屋もなく、引き船でしか動かない「平底船」（動力がないスカルとよんだ）に寝泊まりし、治安も芳しくない時代のことだからやむを得ない。私も、だいたいこれらの二次文献で理解しているが、「ヘイスティング・ミル」そのものはＢＣの歴史家や研究者にとって貴重な事業なので、基本資料はＢＣ大学のアーカイブスに保存されている。仔細にひもとき、大陸日報社の出版物とつきあわせれば初期の日本人の事情ももっと確かになるかもしれない。

晩市周辺で森林が消えると次第にバンクーバー島、ハウサウンド岬、西海岸の大陸側と同島のあいだのジョージア海峡に横たわる数十のメイン島などでも伐採しながら北上する。

なかでも比較的大きく、古いのが「パウエル・リバー」である。ここも、もともと「コースト・サリッシュ」族という北米先住民の世界だった。現在でも海上から眺望すると、海岸にはパルプ・製紙プラントや埠頭がならぶが、その背後は森林が鬱蒼《うっそう》とし、遠く夏でも雪や氷河をかぶったカナディアン・ロッキーやカリブ山脈をのぞむことができる。

この「パウエル・リバー」は晩市から比較的近いせいか、最初のパルプ・ミルが誕生するのは一九〇八年とはやい。ブルックスという白人兄弟らが資本をあつめて、西海岸最初のパルプ・製紙会社をここに設立している。

「カンパニー・タウン」が「スワンソンベイ」など巨大なパルプ・製紙プラントに投資したにもかかわらず見捨てられてゆくのに、「パウエル・リバー」は晩市にちかいせいもあり、今日なお一万数千人の人口を擁して市政を維持している。晩市からフェリー連絡の陸路（国道101）や小型機の航空路も開設されたからだ。

企業の側はつねに木材市場での価格競争に当面し、また労働者不足に悩まされた。ことに、第二次大戦中は、カナダ人が兵卒として徴集をうけて、極端にブッシュマンが不足したため、カナダ国内に住んでいた日本人や敵性ドイツ人を収容して山林に投入し、さらには八千人におよぶ戦時捕虜を使役した。

日本人についていえば、第二次大戦勃発と同時にBC州など西海岸から追い立てられて奥地へ強制移動させられたが、山林労働にも放り込まれたのである。戦後、オンタリオ州西部の国有山林産業地帯のフォート・アーサーやケローナに小さな日本人コミュニティが誕生した事情はここにある。これらのコミュニティにも訪れると、晩市からたどりついた話を聞くことができる。

カナダの山林は相当数が国有であり、戦前はそこでの労働に日本人を使うことを禁じる施策が白人主義の圧力でうまれた。山林は米国資本に期限をきって貸与され、労働者をつかって伐採、製材、チップ・パルプ化されるわけだが、日本人を締め出す運動や政治が執拗におこなわれた。

だからこそ、日本人は山林利用の免許が支給されず、労働口も制約うけた。では、どういう形で仕事を確保したのか。ここに、『日刊民衆』の苦心があった。

無料の労働紹介所の設置

山林資本は、法律で入山を制約している日本人、中国人の低賃金労働者の労働力をほしがっていた。そこで、日本人と直接雇用契約を結ぶのでなく、「ボス」という手配師をつうじて間接的に雇用する方法がとられていた。今風にいえば「孫請け」や「派遣労働」に似ている。

ボスの存在は前にものべたが、たしかに前近代的なのだが、労働者は言葉も契約文書もわからず、ボスが代行して成立した。ボスもボランティアではない、わるくない実入りがある、労働者にも家族的な面倒をみる、梅月や『日刊民衆』派の「過激」な影響の防波堤になる。ともあれ、「ボス」とよぶ媒介機能が存在した。「社会的」ニーズがあったのだ。

「ローカル31」など、労働運動が浸透してきた一九三〇年代になっても、『大陸日報』にこんな記事がのる始末だ。

「BC州の製材所やシングル・ミルで多くの東洋人労働者が今もなおボッスと契約して働いていることに対して昨夜開催のバンクーバー・新西院労働会議で不平が洩らされた。法に反し政府の注意を喚起せねばならぬ。この問題は初期移民時代の遺物として現在も残っていることが度々問題になってきた」

つぎの『日刊民衆』の梅月の記事は、事態の深刻さをさらけ出している。それを、概略わかりやすく引用するとつぎのようになる。

「新西院（ニューウエストミンスター）には、白人の労働者を追い出して、シナ人労働者ばかりを使っているシングル・ミル（建材製材所）がある。賃金率を平気で破り低賃金で働かせている。地方労働会議のベンゴフ幹事がミルのボスに『なぜシナ人ばかり使うのか』と詰問すると、答えがひどい。『あるとき一人の白人労働者が怪我をした。それを見て自分は夜眠れなかった。ところが、シナ人が怪我をしても自分には一向にこたえない。自分の安寧にためにシナ人を使うのだ』と」（現代に通じるように田村がアレンジした）

梅月によると、ベンゴフらカナダの労働運動の指導者は日本人には別の印象をもつようになったのは、組合運動によって白人の労働条件や賃金の足を引っ張るようなことがなくなり、「カナダ人全般の対日本人感情がどのくらい良くなったことか」としている。白人の良き理解者が擡頭してきたのだ。

組合の無料の労働紹介所の活動も同様であった。いくらカナダ人が労資のあいだの関係を透明にしようと努力しても、東洋人のあいだで非近代的な雇用契約をおこなっていると努力を水泡にきさせてしまうからだ。『日刊民衆』がときおり誇らしげに労働紹介所の月間の実績を記事にしたのは「ローカル31」の業績としてだれしもが承認するものであった。

梅月の文章力のレベルと庶民性

この梅月の文章は一九三四年ころから『日刊民衆』紙上にあらわれた「労働時評」という断続的なコラムからだが、じつはかなり悪文である。というより、文章として体をなしていないことが多い。そこでこの時期の梅月の文章を検討してみたい。

私が梅月のことを調べはじめた一九七〇年代末、晩市にある「となりぐみ」で時間を過ごしている高齢者にたずねると、だれひとりとして梅月に批判じみたことをいうひとはいなかった。「あの人ほど日本人のために心骨注いだお方はいない」と、まるで聖職者か神様のようにいうひともあった。

私の広島県出身の親戚もかなりカナダへ移民した。帰国したひともいれば、現地にとどまったひともいる。帰国して日本で大手の企業の役員もつとめ、引退したひとがいたので、尋ねてみると、「カナダにいる友人に聞いてみよう」といってくれた。その結果、その友人からの手紙を手渡してくれた。それには「印刷工あがりの梅月」とある。べつの関係者は「梅月は学歴もなく」という。

梅月への評価は、高学歴、上層のものほど辛口で、低学歴、ブルーカラーのものほど甘口である。これはともかくとして、かれの新聞人としての力量のほうはどうか。

一九三三、四年に、大きな変化があったのである。鈴木悦の帰国と死去であった。それまでの『日刊民衆』は良くも悪くも、鈴木色である。思想的にもイギリスの労働党にちかい社会主義に影響をうけ、古くは大正期の自然主義の理想をもっていたし、文章は元朝日新聞の記者として達筆だったが、理屈っぽく生硬だ。

この時代、梅月が紙面のおもてに立ち現れることはまずない。印刷職場専属だ。鈴木のあと、永澤六郎が論説記事を書き、田村俊子（もう鈴木悦と結婚していて鈴木俊子）も無署名の記事を書いたが、永澤は鈴木をひとまわりしたほど難しく、くわえて文体は古風だ。一方、俊子は小説家だから客観的な記事は不向きだ。

そこで、梅月が訓練のゆきとどかない記事をかきはじめた。新聞の理論からいえば、とても客観的な記事とはいえない文章であった。ところが、こちらのほうが、労働者の読者には評判がよかった。これは、長く鈴木と梅月の記事を見守ってきた沖広洪一郎らがなんども強調した感想だった。

沖広は一九三〇年ころからずっと梅月と行動をともにした。鈴木時代から日米開戦まで、晩市の南にあって、先に開けているニューウエストミンスター（新西院）に生活拠点をおき、戦時は梅月とともにカズローに「移動」し、戦後トロントに住んだ。新西院に「ローカル31」の支部が生まれた一九三四年から、開戦による支部解散まで、役員をつとめた。

新西院支部は、巨大プラントとちがい、米国の市場と接しているところだけに、木材産業の川下にあたる建築材、家具材など高級品の各種部材を生産する比較的小規模なミルを束ねていた。フレーザー河に面したフレーザーミル、クインスボロウ、中の宿、離島などに散在するミルだ。したがって、家族もちの都市型労働者がおおかった。

新西院市はフレーザー河の北岸にあり、実は晩市より開発は古い。といっても河名のおこりサイモン・フレーザーという英国の交易商人が東から毛皮等をもとめて西海岸に達し、そこで大河を「発見」して名付けたのが十九世紀初頭、日本にとっては文化年間、そろそろ江戸幕府体制のほころびが見え始めたころだ。考えてみれば、イギリス人にとって「発見」というが、人間がいなかったわけではない。「シチェット」族という先住民がとっくに彼らの世界をつくっていた。遺物・遺跡もたくさんある。

これはともかくとして、新西院という英国のウエストミュンスターから名をとった港は地政学的にも、自然の富でも、景観でもじつにすばらしい。晩市に足掛かりを設けていた私は、車を運転して何度も新西院市をおとずれた。いまなら私の運転でも車で三十分内外だ。BC州や米国ワシントン州の市民も休日を過ごすに適当な「古きリゾート町」である。

最初にカナダに渡航したとされる日本人・永野萬蔵という島原半島・口之津の船乗りが脱船上陸したのもここ新西院の河岸だ。晩市「小東京」の歴史を書いた拙著『カナダに漂着した日本人』（芙蓉書房出版）もここから書き出した。

その永野も、まもなく晩市に移動する。新西院は、上流のサイモン・フレーザー河の山々で伐採して筏に組んで運ばれてきた木材を建材等に加工してアメリカへ輸出するには地の利があったが、バックグラウンドの土地はせまい。新西院と晩市をむすぶ市街鉄道がひかれると、便利さもあって政治・経済の中心は晩市に移る。

それでも、木材産業の川下の小さなミルや住宅産業はのこった。フレーザー河の中洲となっているクインズボロウ島その他の小島には丸太筏を係留しておく便利さもあり、ミルがならび日本人が多数就労していた。沖広や初代支部長となる宮本伝次郎らは、一九三二年ころよりミルや社宅をまわって組合作りのオルグをしていたのが、一九三四年秋、支部結成にこぎつけていた。沖広も比較的順調にすすんだのも『日刊民衆』の読者がミルのなかに相当数いたからだったと語っている。

一九三四年から一九三五年にかけての世界的な政治状況は複雑だった。野坂参三や加籐勘十が北米で労組工作をしていた背景はいうまでもなく、ナチスのドイツ政権獲得後の欧州にはじまるファシズムの暴風である。これに合わせるように各国の動揺だ。カナダでも、アジア人排斥にみられる極端な「国粋主義」をとなえるものの声が大きくなった。

一例がウイニペグで開催されたカナダ労働党の流れをくむCCF大会で、BC州のUFC（合同農業者組合）と「BC人民党」の名で、「東洋人に選挙権を与えることは、東洋人がBC州に入りやすいように法改正するだろう」という口実を設けて反対の圧力をくわえた。BC州はカナダの州のなかでも特別に白人優位、それも州名のしめすとおり英国支配の機運がつよかった。これは、今日もその傾向は完全に払拭されたとはいえない。

同じ州でも、東隣のアルバータ、サスカチュアン、マニトバなどの「平原州」は、白人といえ、非英国系が少なくないし、先住民の分布も濃い。CCFでのニュースを知って、梅月高市は一九三四年八月『日刊民衆』で「国粋病者のカタワレ」と攻撃した。同時に米国でのおりからの労働争議の蔓延で政府高官が「外国人追放で失業問題軽減」と放言していることに反論している。

このへんの『日刊民衆』の紙面作りは労働運動の機関紙そのものである。記事もすっかり梅月色で鈴木悦の高邁な論文調の文章は消えている。鈴木が日本へ去ると、梅月は「水をえた魚のように」、『日刊民衆』にほぼ毎日かきはじめた。書かないと紙面が埋まらないということもある。かれは、もともと印刷工場を任されていたので、記事原稿も書けば、活字もひろう。記者と文選工を兼業していたのだから、その忙しさといったらなかったろう。

紙面に連日のように顔を出すことに二瓶のように、批判的な人もいたに違いないが、二瓶の組合は「ローカル31」でなく、別の「製紙工」組合だったし、晩市から遠くはなれたプラントにいたわけだから、とやかくいえない。だいいち、梅月の八面六臂の活動がなければ、『日刊民衆』は発行できない。

『日刊民衆』にみる「カンパニー・タウン」

『日刊民衆』が読者の信頼が厚かったのは、もちろん組合の機関紙として約一千人余の組合員の声を代表したこともあるが、梅月のけっして洗練されているとはいえない泥臭い記事やコラムにもある。これは確かだろう。競争紙の『大陸日報』『加奈陀日々新聞』も読者に気を配ったが、なにせ大卒の記者の文章が多く、生硬い感をぬぐえない。

『日刊民衆』で地方通信の足腰になったのは、地方の支部と散在組合員だ。ことに、「カンパニー・タウン」とよばれる日本人労働者の大集積地だ。これらの町自身が日本人にとって奇異であり、また足を踏み込めないため、『大陸日報』などにニュースがでることはすくない。

そんなとき、労資が比較的「安定」していたパウエル・リバーというカンパニー・タウンで問題が発生した。

梅月もコラム「労働時評」でかいている。少々長いが引用する。

「ビーシー州内のポートアリス、オーシャン・フォールズ、パウエル・リバー等、ペーパー・ミルスやパルプ・ミルスがあるところは『カンパニー・タウン』と称せられ、工場の経営はもちろんのこと、就働者の居宅から店にいたるまで一切合切がアメリカ資本の会社によって支配されている。ちょうど治外法権の領域みたいなもので、何から何まで会社の意のままに行われ、極端なる専制振りが発揮されている。労働組合を組織することは公然と許されず、政治上の意思も実際上、自由には表示できない」

このパウエル・リバーで従業員の政治的な自由を奪う事件が勃発したのだ。一九三三年十一月、州議会選挙が実施された際、ＣＣＦを支持したというので、百七十名もの労働者が馘首された。日本人に選挙権はないので、大部分は白人である。会社の支配人は「トラブルを起こす扇動者を立ち退かせたまで」と発表したから大問題になっていた。州議会や晩市市議会の一部の議員からの提案で会社への抗議がなされたが、会社はあとにひかない。

梅月は「労働団結の圧力でカンパニー・タウンから『コペラチブ・ソサイエテー』へ」とい

った言葉で結んでいる。「コーペラチブ」（協同社会）とは、カナダの社会民主主義の流れを汲むＣＣＦの目標で、かれがこの時期、ＣＣＦの活動家であることをものがたっている。

カナダのＣＣＦ（梅月らは「協同共和連合」とも訳している）は社会民主主義、キリスト教の「社会派」とでもいえる人材、労働運動のなかの「政治志向グループ」、アルバータ州農民組合などがまとまった政党結社、一九三三年カルガリーで結成された。世界的な大恐慌の時期、これから抜け出すためにキー産業の国有化、「ユニバーサル年金」「皆保険」「失業保険制度」「労働災害保険制度」確立など、採択した都市名に因んで「レジジャイナ・マニュフェスト」を掲げ、経済の再構築等を求めていた。

梅月はＣＣＦや委員長ウッズワースについてくわしく紙上で紹介している。ウッズワースも日本人労働者の権利のために生涯心を砕いた白人である。

初代の全国委員長にジェームス・Ｓ・ウッドワースが選出されているが、もともとは、ヴィクトリア大学やオックスフォード大学で神学を学んだ宣教師である。父もメソジスト派の牧師だ。とくに、ジェームスは移民の困窮した生活の改善に努力し、また平原諸州の社会調査局長に任じられていたが、あくまで「反戦主義者」として「徴兵反対」の持論をつらぬいて解職され、失職後は晩市に出て波止場労働者になっている。一九一九年のゼネスト時には労働者側にたって講演してあるいた廉《かど》で逮捕されるという変わり種のキリスト教者である。これをきっかけに政治運動にはいってゆく。

移民への同情、キリスト教社会主義など日本人と早くから接点はあった。ウッドワースのふたりの娘のうち姉は日本人学童の多いストラスコーナ小学校の教師として日本人児童へつよい影響をあたえ、妹のほうはのちに日本人のために大奮闘をするアンガス・マキナス代議士の妻になっている。

梅月ら「キャンプ・ミル労組ローカル31」の組合員がこぞってCCFの支持者や運動員になってゆく背景がここにあった。また『日刊民衆』がCCFを公然と積極的に支援してゆくが、これは晩市で発行されていた『大陸日報』など他の日本語新聞ときわだった相違をみせた。

これらの支援は、梅月の余りうまいと言えない記事やコラムで書かれた。では、読者に梅月の文章はどう映っていたか。その政治的立場にくわえ、「非常にわかりやすかった」という。「5W1H」的な「新聞学」の型どおりの記事ではないが、それは労働者には関係なかった。

第8章 帝国海軍と加藤勘十のミッション

祖国との絆、帝国海軍艦艇の晩港への入港行事

海外移民の国民はたとえ政治的難民であっても、祖国との心理的・精神的な絆が切れたわけではない。日本人に限らない。祖国からの汽船が入港するや、船客と無関係の人々まで波止場に鈴なりになる。

カナダの場合、入国審査は、外港であり、州都のヴィクトリアで実施され、晩市の港には内航用の小型の汽船で運ばれるケースが多いのでいつも波止場が出迎え、見物で溢れるわけでないが、帝国海軍の儀礼訪問では格別だった。

一九二九年（昭和四年）八月、磐手、浅間の二隻の駆逐艦からなる練習艦隊が親善のため、入港した。もともと、カナダの西海岸には大きなカナダ海軍の基地がなく、日本人には、浅間などがいかに頼もしくみえたことか。パウエル街の日本町を中心にあげて歓迎ムードにつつまれた。こうなると、日本人労働者も右だ左だと言っていられない。組合も「歓迎　労働組合」

THE DAILY PEOPLE
日刊民衆
歓迎 練習艦隊 紀念號
加奈陀と在留同胞（一）
加奈陀は自由の國
如何なる形に於ても
専制を許さぬ國

晩市に寄港した帝国海軍練習艦隊を歓迎する『日刊民衆』記念号

と大書した旗を側面にはりつけた飛行機を二日間にわたってとばした。どうやらカナダ空軍のパイロットに特別に依頼したようだ。

同機には、岩下今朝弘、露木才次ら八人が二回にわけて分乗、三十分ほど、高度五十フィートで歓迎飛行したとあるから、相当な臨時出費であった。その費用は労働者が臨時に寄付している。軍艦のほうも日曜日に一般参観でこたえた。

日本人町は指揮官、将兵、それぞれの階級ごとに接待し、組合も『日刊民衆』の特別号を発行した。鈴木悦が力量の溢れる大論文「加奈陀と在留同胞」「日本人労組の歴史」などを執筆するなど、この号は日頃より印刷部数を増やし、乗組員や日本町の住人にひろく配布した。組合も転んでもタダではおきない。この日本人という「民族的」なイベントに組合の結束をはかり、言い分を内外にダメ押ししておいた。鈴木や梅月らを別にして、大半の日本人労働者は兵役経験の在郷軍人会のメンバーか、帰国できないための「兵役延期願い」の提出者である。在加の在郷軍人会もあった。組合幹部のなかには、柔道や剣術をつうじて国粋主義グループとつきあっていたものもある。仕込み杖を持ち歩く猛者《もさ》の幹部もいたという。

それはさておき、日本から晩市を訪問する著名人、通過する政治家のニュースが伝わると、あげて歓待し、日本の事情をむさぼり聞いた。北米、カナダ、晩市そのものへ訪問する人もあれば、米国側のニューヨーク、ワシントンまたは欧州に赴任するため、晩市を通過する要人もあった。

とくに、米国の東海岸の都市へ訪問するには、サンフランシスコから大陸横断鉄道で東に向かう場合と、晩市から東上し、途中で国境をこえて米国へゆくコースもあったからだ。

加籐勘十、重大任務をおびて米加を訪問

労働運動の分野では、一九三五年五、六月の加籐勘十の米国訪問という事実は当時気がつかなかったが、実は、歴史上、大きな意味のある足跡だったのである。加籐勘十は戦前の日本の無産政党の運動史のなかでもキーパーソンになる人物だが、運動そのものはご多分にもれず紆余曲折、凝固と拡散を繰り返していた。その激流のなかでも、加籐はよく指導的位置を守り切った一人といえる。

一九三五年、「日本労働組合全国評議会」派の執行委員長の時期、「日米労働者の親善」ということで、加籐の北米訪問の事案がもちあがる。訪米するとなると問題は旅費である。その対策に苦心していた三月、米国のＡＦＬの失業対策委員会が船賃など百八十ドルを日本郵船シアトル支店に振り込んできた。加籐の周辺も驚いたに相違ない。やはりアメリカは金持ちの国だ。

入国するには、さらに一千五百円の「見せ金」が必要、これはどこの国もいつでも問題になる。佛教大学の大谷栄一によれば、加藤や周辺では新興佛教運動の友人妹尾義郎がこれを用立てたという。

当時、大恐慌の後遺症で、各国は失業問題に手を焼いていた。共産党は失業問題が当面の課題とみて、同党の資源をここに集中していたから、ＡＦＬの当該委員会にも影響力を浸透させていた。この招待、本当はニューヨークに滞在中の野坂参三が米共産党を通じてＡＦＬ内の影響を行使できる委員会の名前で旅費を金策したともつたえられる。野坂も国際共産党（コミンテルン）も、どうしても日本の大物運動家と接触する必要があったのだ。

コミンテルンは「統一戦線戦術」という新しい国際的な方針に大転換をきめていたが、日本の同志たちへの正確な伝達・指令が伝わらず腐心していたのだ。この方針転換はそれまで敵対していた社会民主主義政党と手を組もうというものだ。それまで共産党は社会民主主義を「社会ファシスト」よばりして敵対していたが、ナチスの台頭でソ連が危なくなったのでこの際、手を組もうという算段である。

コミンテルンは各国が独立の共産党でなく世界が一本の党で、各国はその支部にすぎないという原則であったから、なんとかその大転換を日本の地下に追いやられている仲間に伝えようと苦心をしていた。そのメッセンジャーに加藤勘十が白羽の矢がたったのだ。

その前後について、加藤の子息・加藤宣幸の「思い出」の記録がある。妻の静枝が『加藤勘十の事ども』（一九八〇年に非売品として出版）の中に書いた。少年期の宣幸は都心にすんでいた

北米の労働運動と交流すべく訪問した加藤勘十（中央）とポート・アルバーニの製材キャンプの労働者たち。梅月高市（前列右から二人目）の姿も見える。（Local 31コレクションより）

が、無産政治運動に投じていた父は家庭に生活費をいれないため、母が「産婆をして生活を支えていた」そんなある時、米国ゆきとなったのだ。加籐勘十は東京駅を出発したときから林立する赤旗と見送りの大勢の労働者、それにそれを取り巻く警官隊、「まるで出征兵士のように、歓呼の声に送られて、桜木町駅に、さらに埠頭まで赤旗に守られて行進、インターナショナルの大合唱の中をアメリカへ向かった。感動的な光景だった。なんのために父が行くのか、子供の私には見当もつかなかったが、仲間たちから何か重大のことを託されて出掛けていくのだということは、察せられた」と書いている。

帰国にあたり、息子たちは全く土産がなかったことに落胆。四、五個もあった大きなトランクは全部パンフレット、それが、人民戦線関連のものであった。土産らしいものといえば、加州産の乾し葡萄一袋だった。カリフォルニアは葡萄の産地である。

さて、日本郵船の氷川丸でシアトルに到着した加籐勘十は八十一日間に四十五回の演説会をこなし、四十三回の会合に出席するという超ハードの日程をこなし、ひそかにモスクワのコミンテルンから偽名で米国へ滞在していた野坂参三らと秘密裏に接触し日本の情勢を報告、またコミンテルンの方針をつたえた。

加籐勘十は帰国後、日本の左翼にこれを伝え、加籐自身も「共同戦線」論者となって、身を呈して運動を広げようとした。この二人の秘密の会合を公にするのは、戦後数十年を経てからである。帰国した加籐は総選挙で最高点で当選するも、すぐ「人民戦線事件」で検挙されることになる。

一九七〇年代になってから執筆発表された野坂の自伝『風雪のあゆみ』のなかで、ふたりは、アメリカで会い、メッセージを交換しあったことは、当時から秘密にしておこうと約束をかわしていた。ではなぜ加藤がカナダに出向き、なにをもたらしたかについては、加藤をもてなした梅月も知るよしもない。

ただ、私がカリフォルニア大学に留学研究中に出会った米国側の日系二世コミュニストのひとりは、野坂がモスクワから米国入りができたのは自分のパスポートを貸したからだ、と述べている。加藤のその在米中の活動のなかで、カナダの「ローカル31」をもたずねて、講演する。その際、『日刊民衆』のために、「協力」という書を贈っている。書そのものは、第二次大戦の混乱のなかで行方不明になったが、写真が『日刊民衆』の数多くない新聞クリッピングのなかにのこされている。梅月高市とならんで撮った記念写真ものこされている。

加藤は、静枝と結婚し、ふたりとも政治家として人生を全うするが、こどもの加藤宣幸も出版社の経営や日中問題への発言でしられている。私はかれとは、年にいちどていど昼食をともにするグループのひとりとして懇親をふかめてきたが、出版社をつぎの世代にゆずった現在も、ブログで社会批評をつづけている。

梅月の許へは、日本から安部磯雄、らがつぎつぎと訪れてきたが、加藤勘十の重責にかかわるものはなかった。コミンテルンの新しい方針が伝えられてから、日本でも「人民戦線」事件の発覚にみられるように、労働運動の方針は変化する。カナダでも変化がすすむ。

鈴木悦後の『日刊民衆』のイメージチェンジ

鈴木が日本へ去った一九三三年以降、紙面は梅月、永澤、田村俊子（正式に晩市で結婚したので、鈴木俊子とよばれるようになっていた）らでつくってゆかねばならなくなった。これは、よくもわるくも記事や紙面に大きな変化をもたらした。

その変化にも苦渋がみられる。一つは、日本と中国大陸とをめぐる発火だ。一九三二年に「満洲国」が誕生、一気に日本軍の大陸での戦火が激しくなる。米英諸国は日本への貿易や在留日本人への制裁など締め付けがはじまる。

もうひとつは、『日刊民衆』の紙面がますます「労働組合色」になったことだ。鈴木悦の高邁な論説に惹かれていた読者がはなれたからかも知れない、ろくな給与ももともと出せないため田村俊子は生活に困ったようだ。鈴木悦が日本で死去した翌年の一九三三年十一月、彼女は晩市をひきはらい米国のロサンゼルスに転居する。経済的に支援する日系人男性の存在と、地元の日刊紙『羅府新報』への執筆の機会を求めてであった。『日刊民衆』はますます梅月色になる。

それが、ＣＣＦ（協同共和連合）党へのいっそうの接近である。欧州や中国大陸での戦闘の拡大はひとしく心配の種であった。梅月、日本人労働者にかぎらず、白人カナダ人も同様であった。それでＣＣＦの活動に注目があつまる。

梅月は一九三四年九月八日、『日刊民衆』に「鈴木さんの一周忌がきた」という長い文章を書いている。鈴木から手紙が来たらという架空の設定である。

「僕が日本に帰っている間に急速に進展した加奈陀の無産政党運動は、ますますすばらしい勢いを示しているね。殊にBC州の社会主義的な運動が他州をリードしているのは喜ばしいかぎりだ。それへの途をたどっているCCFなどだ。在留しているうちに多少毛色が変わってきても根が大部分労働者として渡加した日本人だ。もっと積極的に健全なる無産運動を支持すべきだよ」

鈴木悦の「手紙」という筋書きをかりて梅月の考えを宣伝したのだ。CCF、「健全な無産運動」というのがキーワードだ。以降も、できるだけ鈴木悦を引き合いに出して梅月は文章を書いた。梅月は根っからの新聞記者修行、「ものかき」訓練をしてきたわけでないし、理論家でもない。つねに鈴木を引き合いにだす。鈴木に信望があったし、「神格化」も労働者のなかにあったことも幸いした。だが、それだけではない。梅月はじめ『日刊民衆』の中心メンバーが組合員の結束をはかるために鈴木をシンボルに仕上げたのだ。

『日刊民衆』は鈴木悦一周忌には大規模な「追悼演説会」を開催、佐田種次組合長の司会のもと、晩市日本町の「名士」を総動員して追悼演説をおこなった。その顔ぶれは、井手律、石井菊次郎、テンニング、兵頭英一、作久本盛矩、神野専、露木正夫、加藤定五郎、岩下今朝弘、松下一郎、小山英行、青木定義、等で、なかには組合員でないものもいた。梅月が入っていないのは、同日同様の会合が開催されるチマイナス支部へ出張したためであった。

このオール「ローカル31」の体制にもみられるように、鈴木なきあと佐田、作久本、神野、岩下、梅月の集団主義指導を明示することにあった。そして、全体としてCCF支持に移ってゆく。

「CCF党」に肩入れはじめた日本人労働者

カナダの政治状況も複雑であった。BC州はじめ、平原諸州、オンタリオ、ケベック、ノヴァスコティアなどの諸州が州の経済、移民、言語、英国との距離、いずれも独自性がつよかった。いまでもつよい。ケベックのフランス語圏、平原諸州での先住民の権利主張などいまも難問の課題をかかえる。

この複雑な民族、宗教、言語、文化状況を反映してカナダの政治はアメリカのようなすんなり二大政党化の伝統はない。梅月たちが、市民権や参政権、また移民への制約をほぐすべく接触している労働党からして英国をモデルにしにくい。英国の影響がつよい「ブリティッシュ・コロンビア」州は英国風に「独立労働党」をこしらえたが、北欧の影響のつよい平原諸州はまた別だ。

労働運動も米国に本拠をおくAFL、CIO、ワン・ビッグ・ユニオン、IWW、それにプロフィンテルン（赤色労働運動系）と時代のなかで複雑にからみあっている。社会民主主義勢力からして独立労働党などばらばらだ。CCFは、どうにかそれら社会民主主義グループをまとめようとしたものだ。それでも、ウッズワースのように硬派の「反戦主義者」やキリスト教の流れもふくんでいた。CCFはのち「新民主党」（NDP）に変身する。

梅月らはどうしてCCFと繋がりをつけるようになったのか。それは、梅月らとアンガス・

マキニスとの結びつきが最初だった。マキニスというのは、晩市の労働者出身で、のちカナダの国会議員として二十七年間、日本人移民の権利のために運動した人物だ。簡単に略歴を記そう。カナダ東部の農家に生まれ、家業を手伝うため十二歳で学校を退学、晩市に来た。市電の運転手をしながら政治や経済の勉強をし、一九一一年のナナイモ炭鉱のストに触発されて社会主義者になった。その後市電の組合幹事から一九二一年三十六歳のとき晩市教育委員に選出され、市議に。一九三〇年にＢＣ州の独立労働党から国会議員選挙に出て当選した。すでにこの党を推していた「キャンプ・ミル労組」や梅月たちは、マキニスと行動をともにすることになったのである。

梅月はのちにマキニスとの出会いを書いている。

「私達がマキニス氏を知るようになったのは一九二七年、日系人の労組が晩市の労働会議例会に代表者を送るようになってからである。毎月二回の例会に市電従業員組合代表としてきていたマキニスの痩躯長身、寡弁ながらポイントをのがさない態度は強く印象づけられた」（『ニュー・カナディアン』一九六四年三月十一日）

後年の写真をみても相当「イケメン」で、上背もあり、寡黙で、どうやら早くから運動のリーダーとしてカリスマ性をもっていたようだ。この晩市労働会議にはキャンプ・ミル労組から幹部が交代で出席、みな相当な英語力で討論に参加している。手書きの議事録がのこっているが、作久本、栃下、宮沢らの名がみえる。鈴木の名前はない。

この会議にでることによって、「ローカル31」は白人の労働問題の進展状況を知りえた。ま

Labor Statesman

OWNED AND CONTROLLED BY THE VANCOUVER TRADES AND LABOR COUNCIL

Supported by Sixty-two Local Unions

VANCOUVER, CANADA, OCTOBER 2nd, 1930 — FIVE CENTS PER COP

...er-Labor Members ...tack Tariff Proposals

VANCOUVER AND WESTMINSTER
19 - 4th Quarter - 30
TRADES AND LABOR COUNCIL

How Machines Replace Men

ローカル31の加盟を認めた晩市労働会議（62組合加入）の組合章を添付するキャンペーンを奉じる記事。日本人労働者の名もみえる。

た、労働会議もその機関紙で日本人の状況、要求を毎号のように記事にした。幹部間の「個人的な信頼」やコミュニケーションだけでなく、晩市全体の白人の組織労働者が日本人への理解を深める手助けとなったのだ。

「ローカル31」の日本人労働者はカナダ人としての対等の待遇をうけるために組合運動をつうじて賃金、職業上の免許、労災での補償など経済面で連携していたが、加えて、市民権、選挙権、参政権といった課題でマキニスの助力を仰いだ。

一九三一年には労働会議の全国組織が晩市で大会をひらいたとき「日系カナダ人を平等に扱い、市民権を認めよ」という決議案を提出してマキニスらの支援で通過させた。こんなこともあり、一九三二年マキニスがＣＣＦ党首ウッズワースの娘・グレースと結婚した際には、日本人あげて祝った。ＣＣＦ、労働会議、マキニス、ウッズワースと日本人労働者とをむすびつける固いきずなが生まれた。

一九三六年、オタワのカナダ議会にマキニス、ウッズワースらＣＣＦの議員は「日系カナダ市民に選挙権を」という決議案を提出させるまでになった。その結果、下院に特別委員会が設置され、日系二世の四名、すなわち兵頭ヒデコ、小林実、番野忠太郎、早川一衛（S・I・ハヤカワ）らが招かれるまでになった。

これらの動きは梅月によって『日刊民衆』の紙上でくまなく報じられた。一九三六、七年になると「ローカル31」のメンバーの多数はカナダ永住の気持ちが整い始めていたので、CCFとの市民権をめぐる絆は支持されていた。そこが、『大陸日報』たちとの違いであった。

マキニス夫妻は、開戦後、日本人、日系人が全員、西海岸の生業地を放棄させられて、ロッキー山脈の麓やその東へ強制移動させられ苦難を強いられたとき、『オリエンタル・カナダ人——見捨てられた人々か、市民なのか』という小冊子を書いて白人たちへ配布した。マキニス夫妻ほど日本人・日系人のために汗をかいた政治家はいない。

梅月はよほどマキニスに打たれたと見えて、再三再四、『ニュー・カナディアン』や『日刊民衆』のうえで、マキニスの偉大さを語っている。たとえば、「マキニス氏がメーン街を走っていた旧式な電車の運転台に立っている姿には頭がさがる」（『ニュー・カナディアン』一九五五年十一月九日）とか、「マキニス氏は正義と誠実の人で、自分が日系人のために戦うのは、日系人が好きだからではない。社会正義のためだからである、と語っていた」（『ニュー・カナディアン』一九五六年十一月三日）。このマキニスのような公正で懐の深い指導者に日本人は多くを学んだ。社会正義、フェアな態度を日本人労働者は深く心に刻んだ。

ウッズワースと晩市の日本人たち

「ローカル31」はホスト社会とのパイプを確立することに精一杯努力した。その点では日本政府のやり方とは違う。文字通り「個人的な信頼関係」を築くことに気を配った。地方労働会議への積極的な参加、各種行事への協力、「ローカル31」の行事への招待といった組織的関係の強靭化は当然として冠婚葬祭やグリーティング・カードの交換と個人的なつながりも大事にした。

その一例が、マキニスやウッズワースとの交流だ。ふたりとも、それぞれ議員などの公職に多忙なため、副次的には晩市地方労働会議のP・R・ベンゴフ幹事、教育担当のW・W・レフォー弁護士への接触をふかめた。後者はいわば地方労働会議のオルグといった存在で、「ローカル31」も顧問弁護士として諸事案を依頼した。

BC政府や地方行政になにかを申請する際にも、英語力、行政書士的な知識、人脈は大事であった。各支部が企業と労働協約を結ぶという段になると素人集団の支部役員や、日本人の「桂庵」たちはまったくのお手上げだ。なにしろ、企業側は腕利きの労働法専門の弁護士を用意していた。

そのレフォー顧問弁護士、一九三四年七月、世界一周の旅に出発した。英国、ドイツ、ロシアを経由して日本にも十日間滞在した。英国からの移民である彼は、英国にいる母のもとに相当長く滞在、見舞うのが目的だったようだ。ついでに、社会主義モスクワに十日間、シベリア鉄道で満洲、釜山経由して下関から東京へ、と世界的に問題になっている国や地域をたずねて視察してきた。ＣＣＦとしても、対外政策を検討するうえでの必要な情報・材料である。

この日本行きに備えて、「ローカル31」の幹部は安部磯雄、松岡駒吉、麻生久、加籐勘十、田原春次あてに親書の持参を依頼した。レフォーにとっては紹介状の意味もある。安部以下、いずれも日本における社会民主主義者の領袖で、また晩市訪問や手紙の交換と交流があった人物だ。面識もある。

梅月はレフォーが晩市へ帰着したその日、出迎えており、一日おいて面会、はなしを聞いている。レフォー氏が滞日中にも、二、三人の活動家が逮捕されるなど厳しい事情が「ローカル31」『日刊民衆』を通じて日本人社会に報告された。

『日刊民衆』は、実務的にはレフォー弁護士との折衝で解決し、方針・政策レベルではウッズワース氏との接点で研究していった。だから、ウッズワースの演説会等での発言にはよく気を配り、留意することが多かった。

梅月はこんなコラムでウッズワースの発言を消化している。

一九三四年のある日、ウッズワース議員（すでにＣＣＦからカナダ議会に選出されていた）の演説会で、東洋人の選挙権問題に質疑があつまった。『選挙権問題は当今のＢＣ州の場合、口にするのは政略上損なのだが、ＣＣＦとしてあいまいは許されない』と、きっぱり賛成とその理由もはっきり述べている。聴衆には極端な左右両派の活動家がはいりこみ、日本人への差別発言にもいちいち反論している。

日本人の側も生業の態度をあらためるべきだ、という白人側の発言にも梅月は一理あるとしている。

日本人労働者のあいだでは、日本の軍部や政治への態度はともかく、カナダに永住するしか生業、生活をまっとうできないと考える者が多数をしめるようになっていた。一世には現に生業としている肉体労働か小商売、雇農のようなことがやむをえない、としても子供達には、その夢をかなえてやりたかった。子供たち、二世はカナダ生まれのれっきとしたカナダ人である。だから教育にはことのほか熱心で、UBC（最高学府のBC大学）をめざし、学ばせていた家庭が多い。

しかし、卒業後も公務員や教員に採用されたものは皆無に等しい。これは、明らかな人種差別であった。民間も新聞記者や大企業のホワイトカラーに就職できたものもほとんどいない。

のちに、二世言論人のリーダーになるエド・オーウチ（大内）もUBCでジャーナリズム学を専攻しながら、卒業後、ポストがなく晩市内の製材所の労働者として汗をながしていた。一九三四年十一月、日本人大学生倶楽部で講演したUBCの女性学者ホラートが差別待遇をうけている日本人にある警告をしたとき、梅月は『日刊民衆』で真摯に答えている。

それは、日本人がカナダで稼いだ金銭を生活苦の日本の家族・親族に送金している問題で、これでは「加奈陀の財力を減らしている。加奈陀国民がいやがる」と。「この国で儲けた金はこの国に投資するようにして、二世の働く機会をつくれ」と。実際には日本人が先まで見越して、カナダのために投資し、生業の再生産にむかうにしては、あまりにも貧しく、切羽詰まった生活を余儀なくされていたのだ。

第９章 「梅月高市日誌」の発見

梅月高市、ＣＣＦ（協同共和連合）党、党員になる

ＣＣＦは、「協同共和党」とか「カナダ協同党」とかにも訳している。『日刊民衆』が「キャンプ・ミル労組　ローカル31」の「創立三十五周年記念号」（一九三五年十月十四日）では、次のように表現している。

「組合創立当初より労働党、社会党等を支援してきている。一九三二年創立されたＣＣＦとは一九三三年の定期総会において、これを支持する決議を通過、以来一層密接な関連を持続している」

ここでは戦前の『日刊民衆』紙上に現れた用語や日本の戦後の訳をつかう。実のところ、これに梅月がいつ入党したかまだはっきりしない。ただ、前身であるＢＣ州の地方政党「独立労働党」には入っていた。この党、英国労働党と同様、労働組合という団体加入と個人加入の双方を建前にしていた。一九二〇年代にマニトバ州で生まれ、平原諸州からＢＣ州へと独立した

地方政党として誕生していった。無産政党の常として利害、イデオロギー、人脈派閥に左右される離合集散で、CCFにまとまってはじめて、どうやら政党の態をなした。

したがって、独立労働党には日本人の名前がすくなくとも百余人も記載されている資料もあるので、どれだけの日本人労働者が決意をもって入党手続きをしたかは疑問である。ただ、梅月はその後、日本人全員の東への強制移動をさせられて、カズローの町に滞在したときも、さらに移動させられてウィニペグのまちへ動いた時も、きちんとCCFへ党費を支払った領収書がのこされているので、かなり自覚的な活動党員であったことは確かである。

ここに、興味深い資料がある。梅月が戦時をはさんで長期にCCFの晩市などの支部に党費、資金カンパをおこなってきた領収書類である。これによると、毎月の党費（メンバーシップ）は一ドル、ときおりの臨時カンパでは十一ドルも納めている。これ以外に労組の組合費、所属した日本人キリスト教会への献金、さまざまな団体、サークルなどともあれカナダの日本人は白人に似て、献金を大事な社会活動、社会参加としてこころよく行っている。

無産政党はいずれにせよ財政難だ。日常のメンバー党費のほか、臨時の行事があると、いわゆる「カンパ」を集める。CCFの党員や支持者へのアピール文書をみると、どうやら日本語と思いがちな「カンパ」の語源はイギリス英語での無産政党や労働運動での常用の用語らしい。さておき、梅月も他のアクチブも競って寄付している。キリスト教会が毎日曜のミサの際、集める寄付のようにキリスト教社会の習慣が労働運動でも浸透しているようだ。

梅月がいつCCFに加入したか、その前身であるBC独立労働党に入党したかは、いまはっきりわからないが、一九三〇年代のはじめには、一端のカナダＣＣＦ活動家であった。ＣＣＦと梅月らの関係は戦時、戦後と続くので、筋金入りの活動家になっていた。

じつは、一九三〇年三月から一九四二年八月までの梅月の個人記録が残っている。十二年におよぶ詳細な生活履歴や状況が一冊の「Record」とよぶ記録に書き込まれている。新しく発見されたもので、個人にとっても、この時期の在加日本人にとっても貴重この上ない。このレコードの内容を紹介しながら、梅月のカナダでの生き様をなぞっておこう。

梅月の「日誌・レコード」にみる個人史

このレコード、頑丈なクロス張り、各頁も分厚い用紙で、一種「永久保存」で総百九十二頁。ただし、たぶん人為的に六頁までと一九〜二四頁が切り取られた痕がある。時期や理由はわからない。表紙の裏側に手書きで、パスポート番号、支給日、両親のことなど個人の重要な記録があって、このレコードの梅月にもつ重要性が担保されている。

その「はしがき」とある一九三〇年三月十五日から引用してみたい。

「私達二人、梅月高市と増井千代は結婚した。此の日から以降、われわれの生活は、在来のそれとは全く変わった新しいもの、二人が協力して一個の生活体をなすという、今までよりか、複雑な、しかし力強いものになってきたわけだ。

新しい生活、人生の第二期に入った首途から今後おこるであろうところの種種さまざまな生活の姿をここに書きしるして将来の思い出に資する」

日記ではないので、生活や活動で重要な事態・事件をただ散文的に淡々と書きとめたものだ。文学的とも詩的ともいえない文章だが、その書き起こしは梅月の結婚という人生のおおきなエポックにこころが弾んでいた様子がよくわかる。このレコードはどれだけ重要なものであったことか。だから八十年間もカナダの国土を横断し、太平洋を越えて、私の手元にとどいたのである。

レコードによると、個人としては翌一九三一年十二月十五日、長男のビリーが誕生、と当初の個人生活の重要な事実だけを記録している。夫婦ともカナダに「同化」したい気持ちがつよく、子供たちに白人のような名前をつけた。しかし、だんだん組合や『日刊民衆』の公的なものが占めるようになる。「一九三一年十二月六日、労働問題講演会に、小山、多田、露木の諸君と森君のカーに便乗して出かけた」と。この講演会で、それぞれ演説をしたが、梅月は「キャンプ・ミル・ユニオン」の仕事と使命、露木は日本の土産話をしたようだ。

聴衆は当然日本人労働者で、娯楽や変化がなく、夜の時間をもてあましている日本人労働者のあいだでは頻繁に各種演説会が催され、それなりに盛会だったようだ。この会合のあと、「婦人会が茶菓」のサービスがあったとある。この頃からレコードに婦人の動向が頻繁に現れる。

レコードの一九三二年一月早々のある日を書いている。どうやら天候は雪と雨が続いているようで、外にであるけないため、新聞、組合、家庭についてすこし立ち止まって自省した文章である。それによると、購買組合主婦の会が組合の婦人部と合同、婦人部の拡大が趣旨で、急速に拡大することを期待している様子だ。

女性にとって、カナダほど自由の国はない。当時の日本のように軍部や保守的な亭主による女性蔑視の風潮はいささかもない。男と同等、またそれ以上に社会やコミュニティでの役割は大きい。梅月はレコードで妻千代に敬意をこめてつぎのように書いた。

「毎日きまって何かを読み、何かを書き、何か新しいものを学びたい。僕はまだ聖書を読んだことがない。資本論を読んだことがない。この両方はなにがあっても読まなければならないものだ。

妻はクリスチャンだそうだ。別に感心することもないが、唯一いかなる意味においてにせよ、毎晩バイブルをすこしずつ読んでいる点は学んでもよいとおもう」

梅月はやがて熱心なキリスト教徒になるが、妻・千代の影響は大きかった。

カナダでは、ホスト社会の習慣と等しかったのは、この男女平等の思想と制度だ。日本人女性は男と同等の社会進出をし、働き、考え、発言した。日本人全体がひどい差別をされているにせよ、である。レコードには女性の活動がごく自然のように記録されている。日本では考えられないことだ。それが、「購買部」の運営や、「キャンプ・ミル労組ローカル31」の婦人部であり、教会や日本語学校での女性の役割だった。

家庭をもって「定着・定住」志向強まる

結婚して梅月の生活感覚に微妙な変化があらわれた。レコードを記録して将来にそなえると考えるようになったのも一つだが、妻の影響で聖書に関心を示すようになったこともある。

ここですこし、妻の千代についてふれておこう。じつは、梅月は二度結婚したが、ふたりとも「千代」である。最初の「千代」が死去し、二度目は親友で同志の未亡人「千代」と再婚している。もちろん「千代」同士も親友である。またともにキリスト教徒であった。ふたりとも仲間のあいだでは「よくできた細君だった」という。

ここでは最初の「千代」のことだ。

増井千代は、父・幸太郎の長女として一九〇四年一月一日に横浜市でうまれている。祖父は丸亀藩士、廃藩置県後、碌と土地をはなれて、上京している。じつは、千代の弟・正男は一九二七年に晩市のアレキザンダー街、いわゆる「リトルトウキョウ」で出生している。兄もオーシャン・フォールズの製紙パルプ工場に入ったので、一家ははやくに渡加したようだ。

増井家は日米開戦の一九四一年頃には、リトルトウキョウをはなれ、二十ブロックほど南の新市街マクリーン・ロードへ移っているので、増井幸太郎は事業に成功したのかもしれない。マクリーン・ロードの住宅は二十四歳の正男名義になっているのは、晩市生まれのれっきとした自立したカナダ人（カナダ国籍）の二世正男には、土地所有が認められたからだ。

さて千代のほうだが、二十六歳のとき、一九三〇年、六歳年長の梅月高市と結婚、その九年後の一九三九年五月、ともにカナダ市民権（国籍）を獲得している。レコードはその間の生活や思想の顕著な変化をつたえている。一九三九年といえば、欧州やアジアでファシズムの側が大規模な戦闘をしかけ、日本は国際的に抜き差しならぬ立場をふかめていた。はっきり、カナダ国籍を得て、梅月夫婦はきたるべき太平洋をめぐる覇権を争う戦争にカナダ側に立って生きようとしたのである。すでに日本の軍国主義に愛想を尽かし、民主主義カナダに理があると考えたのだ。

梅月の変化のひとつが、一九三二年一月のレコードにこうある。

「今年の元旦から宇都宮氏にブックキーピングを教わっている。その熱心さに先ず感服。何とかして組合を大きくしようとする努力が常に見られる。あれ位の関心を皆の人が持ったらすてきだが」

文選工、印刷工、新聞記者、組合幹事、日系コミュニティでの世話係、購買部の手伝いとなんでもしなければならない梅月にとって会計処理は学んだことのない難物だった。購買部はじめ赤字つづきで、組合員の厳しい視線の原因もみなの「どんぶり勘定」にあった。『日刊民衆』からして財政難で、専任者への給料ももともと出ないいため、鈴木悦、悦帰国後の俊子、梅月、永澤六郎らは生活に窮した。財政の立て直しは急務だった。

これらを助けようとした梅月の同志たちも賃金労働者だった。そのなかで、自らの知識と経験を提供しようとした宇都宮鹿之助という人物はどんな男だったのだろうか。

宇都宮は一九二六年には独立労働党に参加したが、根っからのウッドワーカーではなかったようだ。一九二五年の三行広告に「突然の帰国事情で経営する〈ふたば商会〉を譲渡したい」とある。たぶん、愛媛の家庭の事情で帰国している。しかし、1929年8月の『日刊民衆』での広告で「木工」の案内がある。小東京の一角、アレキサンダー街で家具、ベビーベッド、事務用木製品の製造・販売・修理の小さな店舗を構えたので家具職人の知識・技術をもっていたようだ。

店舗を持つからには、あるていど以上の英語力は必要だし、梅月に会計を教えるだけの会計知識も不可欠だ。それに、日米開戦後の強制収容では、BC州奥地のスローカン谿に移動し、そこで学業の機会を失った児童のために学修塾をひらいている。戦後はオンタリオ州トロントの南七、八十キロにあるハミルトンに定住してからは『ニューカナディアン』紙（梅月が『日刊民衆』の仕事のあと編集長を引き受けた日英両文の新聞）にせっせとエッセイをかきおくっているから、知的関心のつよい日本人だった。松山出身だけにすぐれた俳人でもある。

この五大湖のひとつオンタリオ湖に面したハミルトンはなんども訪ねたが、人口四十万人ちかい大都市で、風光明媚、穏やかな気候、日本人もたくさん移り住んだ。五大湖のなかに突き出したようなナイアガラ半島の付け根でワインの産地でもある。車でものの二十分もはしるとナイアガラの滝、そのまま米国のニューヨーク州へ乗り入れることができる。ここで、宇都宮のように余生をおくった日本人は多いが、それは日本人の物語の余生の時期だ。

同僚・宇都宮「日本人は〈ゲットー〉から開放された」

宇都宮鹿之助が先見のある日本人の指導者であることは、戦時中に収容所から『ニューカナディアン』に書いた有名な指摘がよく示している。それは、要旨、「吾等は期せずして、密集的隔離生活を解脱、全加の天地に跨って日本人種に門戸が開放された。吾等にとって夢の如き変わり方、作ろうとして造れないものが創られた」と高々と唱えた。
パウエル街を核とする「リトルトウキョウ」は、日本人が身を寄せ合って生きねばならない、いわば〈ゲットー〉であった。カナダ政府が戦時を口実に日本人を東へ東へと「撒き散らし」たことは、その日本人にとっては、「エクソドス」的試練ではあったが、戦争が終わってみれば日本人を全カナダに広げ、定着させ、すべての州に日本人の町やコミュニティの種をまいたのである。

私は、カナダのほぼすべての州や大都市で調査のため足跡を残したが、そこに日本人・日系人はいた。カナダ東端の大西洋にうかぶ離島・ノヴァ・スコティア州の大学で学会があり、報告者として短期間滞在したときでさえ、日本人の色濃い影に驚いたものである。私は同市に学会発表で滞在しただけなのに、市長から「名誉市民」の賞状を授与された。地球の裏側からきた珍妙なるお客様ということだろう。もっとも海外の都市では賞状、市のマークのはいったグッズ、市のカギをかたち造ったペーパーウエイト、市のマーク入りのピンなどを記念や敬意でくれるところは多い。

今日のカナダは戦前にBC州の一角に日本人が押し込められている事態ではない。宇都宮が予言したように全カナダで生活している。ただ、戦後の日本国内の方は、若者がガラパゴス志向で、両親の腕にしがみついて離れたがらないだけの話だ。

宇都宮は『日刊民衆』や『ニューカナディアン』と距離的にもはなれても、せっせと寄稿したが、そのエッセイのひとつに俳句論がある。子規を育てもともと俳句熱のたかい愛媛の出だけに、俳句批評も句作品もおおかったが、そのひとつ、長文の俳句理論の文章がのこる。手書きだが、誤字脱字もない達筆で、数千文字の理整然とした教科書をみるおもいの文章が残されており、宇都宮の学識のふかさがよみとれる。

「俳句は一級の短詩」の序論にはじまり、季題、省略と技巧、語調と音調、配合法、作句上の規則、趣味の娯楽と修道と実に体系的な句論を展開している。ここで強調したいのは、その論の思想である。つぎの言葉で結んでいる（漢字、ひらがな、おくりがなを現代文になおした）。

「吾等の心は本来常に真を求め、美を需めている。俳句のわざは『自然と人生』とを接触して、紙一枚の境をおかず、あらゆるところに真をとり、実を掘り出して『心』をそれと一体ならしめる。その『一体感』に無限の歓びを持つのが吾等である」

非常に難解な文学論であるが、本文では、数多くの具体的な作品を例示して理解をたすけている。

宇都宮の思想をもっとも高いレベルで明らかにしたのは、つぎの一節である。

「かくして『心境』の開かれるに伴って作句も展られ、作句の進むに伴って心境もまたたかまることとなるのが、『句道』であろう。作句のうえでは、長幼男女学問職業等の区別がなく、凡てが一体類生の世界である」

俳句を作る人にはなんら差別がなく、平等の世界であることを強調した。カナダの日本人女性のあいだで、広くつよく、作句熱が根つく。日本の移民研究者の間で「移民文学」という研究ジャンルが生まれるのも、女性のあいだで、文学の鑑賞だけでなく、おびただしい作品が生産されるのに、宇都宮らのはたした役割は大きい。

『日刊民衆』に時代は、どうしても、賃上げや「市民権」といった政治や経済のテーマに紙面をとられていたが、のち、日本人がエクソドスになって、全カナダを「放浪」しなければならなくなる戦時下になると、宇都宮らの蒔いた「移民文学」「移民俳句」の種子がいっせいに芽をだし、繁ることになる。句誌もたくさん出た。

宇都宮鹿之助は愛媛県人だが、一九四一年の日本人向けディレクトリーをみると、宇都宮姓が六、七人いる。名前もよく似ているものもあり、縁者を彷彿させる。『大陸日報』社発行の『加奈陀同胞発展史第三』（一九二四年）によると、愛媛県出身者は男女合わせて二百四十八人で、姓としては中位である。

梅月の出身県の福岡県人は一千三百七十五人、やや多い。梅月は文章も下手で文学にはとても遠い存在だが、『日刊民衆』や『ニューカナディアン』を通じて「移民文学」の発芽に貢献している。

県人会・郷党のセーフティ・ネットワーク

人は元気に生業、生活を営んでいるときには、組織や運動で不自由を感じるときはすくない。ところが、一旦、失業、破算、負傷、疾病とくに死去したとなると大変である。こんなときは家族が一番頼りになるわけだが、その家族で支えきれないとき、近隣、友人、さらに同郷団体や県人会、ときに村人会といった社会学でいうゲマインシャフトにたよることになる。佛教会、キリスト教会、神道団体が日本国内よりも目立って活発なのは、日本人のこころのよりどころでもあり、セーフティ・ネットワークの一端をなしているからだ。私も、米加にすこし長く滞在すると、印刷物等で自分の出身県の県人会の文字が自然と目に留まることに気がついた。県人会の行事や事務所を実際たずねたことはなかったが、近代的な保険や銀行の用意しているセーフティネットで事足りなくなった場合はわからない。

梅月のような運動家も同様だった。かれは特別な強い郷党意識をもっていたとは思えないが、福岡県出身者のほうがむしろ晩市での名声・力量が高まってゆく郷里の男を頼りにした。ことに、初めてカナダを訪れるときには、よくあるように郷里の誰彼となく、梅月への紹介状や添え状を持参させた。戦後、国会議員もした社会党の田原春次など、梅月としっかりした「同志」としても結びつきがつよかった。田原は加籐勘十と異なり、デンバー大学などに学んだ「アメリカ通」でもあったからだろう。「アメリカ通」や移民のパイオニアの「生りわい」の仕事はいつの時代、どの国でも移民ビジネスである。『渡米雑誌』を発行していた片山潜からして、このビジネスで糊口をふさいだ時期がある。田原も同様だったが、これはずーとあとのこと。

『日刊民衆』と婦人の運動

晩市の日本人をかんがえる上で鈴木悦の妻・田村俊子は特別の位置にある。ことに「移民文学」を伸ばすうえでの役割である。女性の流行作家として晩市の日本人でその名をしらぬものはまずない。彼女が鈴木悦を追って、夫・田村松魚をすててカナダに来たったこともあまりにも有名である。

田村俊子は晩市に到着するや、鈴木が住み込んでいた『大陸日報』社のビルの一室に同居を始める。ここから、彼女の役割がうまれる。晩市では「鳥の子」というペンネームを主としてつかい、作品や批評を書いた。田村俊子では、気が引けたというよりも、日本での輝く令名を組合新聞でつかうのに、名を惜しんだからではないか。

鈴木悦が晩市で健在のあいだは、組合の婦人部長やなんやらで活動し、日本人の女性たちに、文学などで作品に批評し、俳句などの短編を新聞紙上に載せたりした。ところが、鈴木が帰国、死去すると、日本人、とくに男性の態応がひどくかわってくる。早い話が、そっけなくなる。紙面にあまり、田村俊子が現れないのはこのためかも知れない。生活はどうしていたのだろうか。

日本からの印税は多少送られてきていたようだが、満足のはずがない。渡加前から田村俊子と昵懇にしていたロシア文学者の湯浅芳子が改造社の『日本文学全集』、春陽堂の『明治大正文学全集』に田村の作品が収録されたときなど、版元との交渉や送金までやったと伝えられている、

湯浅は戦後、印税等をもとに「田村俊子賞」を創設するなどの仕事をしている。これらの事情は『ニューカナディアン』に梅月の「雑録」で読者に提供された。その日本側の情報源は、鈴木のあと、梅月の前の一時期、『日刊民衆』の編集長をつとめた永澤六郎である。ちなみに、

梅月らの田村俊子についての記事はかなりつめたい。

『大陸日報』、さらにそのあと『日刊民衆』を支えた永澤の経歴には京大出身という以外詳らかでない点もあるが、伝えられる印象は長身、背筋をピンとして歩き古武士の風貌だ。のち『ニューカナディアン』を梅月から踏襲する森研三の表現を借りれば『日刊民衆』の中興の祖だったようだ。また「南北老人」のペンネームでよく執筆したが、漢籍に精通し、記事も労働者には逆に読みづらかったのではないか。

永澤は太平洋戦争のはじまる半年ほど前の春、数少なくなった太平洋航路の日本汽船で、帰国、一年ほど東京で暮らした後、出身地の京都に帰り、大谷高女の教員になる。しかしすでに高齢であったため間もなく、辞職しここで知り合った婦美子と結婚、兵庫県柏原町で余生をおくった。戦後、一九六一年、永澤の永眠も『日刊民衆』のＯＢから『ニューカナディアン』にかかわっていた梅月らにつたえられた。

第10章 運動の拠点群・バンクーバー島

日本人労働運動の拠点バンクーバー島

カナダ西部ＢＣ州の商工業や文化・学問の中心都市バンクーバー市と、その沖合にあるバンクーバー島とは混同しやすい。日本人は前者を晩市、州都ヴィクトリア市（美市と使い分けた）のある後者の場合をバンクーバー島と区別して使っているようだ。私もこれに倣い『日刊民衆』や「パウエル街」または「リトルトウキョウ」のある前者を晩市としてつかう。

バンクーバー島は狭いジョージア海峡をはさんでほぼ南北に横たわっているわけだが、長さ三百マイルちかい巨大な「島」である。航空路が整うまでは、交通はむろん内航船である。漁業基地のある北端プリンスルパートを別にすれば、木材だけでなく、石炭など豊かな自然の産物をもとめて文明は狭い海峡を北へ北へと進めていった。ヴィクトリア市は島の南端、国際航路の受け入れの窓口として発展、海峡の入り口には大陸側にパウエルリバー市が「カンパニータウン」として生まれた。

いずれも商工業中心地の晩市とは内航船や会社所有の交通船でまる一日以上はかかった。地域の組合連合体ＶＴＬＣの新聞をみていても、パウエルリバー市に晩市から無線の長距離電話が曳かれたという記事がでるのは一九三〇年五月である。パウエルリバー市の対岸には、バンクーバー島のほぼ中部にあたるところにキャンベルリバー市がおよそ五十マイル（約八十キロ）の距離に展開し、このあたりの商工業の中心地となっている。これは、今日もかわらない。しかし、ＢＣ電話会社が無線で接続するまでは不便この上もなかったようだ、それぞれに地上の電話網があり、のちの労働運動や『日刊民衆』の活動に貢献する。

バンクーバー島は日本人労働者にとって古い歴史がある。ナナイモの北にあるカンバーランドだ。キャンベルリバーの南になる。大陸側のカンパニータウンのパウエルリバーから至近距離だ。それが、この地帯の石炭鉱山の開発をはやめ、白人に混ざって、日本人、清国人の多数の労働者を引き込み、小さな日本町やチャイナ・タウンをつくらせた。

ここの労働者の歴史をリーン・ボウエンという女性研究者が出版している。ヴィクトリア大学で修士号をとり、バンクーバー島に住みついたが、もともとは平原州のサスカチュワンの生まれ。彼女の著書『ボス・ホイッスル』には白人に混ざって働く日本人が一九〇八年ころから姿をみせる。

白人の日本人像は、中国人に比して勤勉でまじめだが、逆に、組合運動には無関心で、ときに「スト破り」として登場する。ボウエンの著書ではコモックス湖の東にひろがる鉱山地帯に二つの小さな第一と第五の「**Jap Town**」がしるされている。

チャイナ・タウンもクーン・タウンもある。クーンというのは黒人への差別的な呼称で、黒人はラクーン（あらいぐま）を食べるからという、いい加減な偏見からだ。真偽のことは分からない。白人はこういう根拠薄弱な理由で「エスキモー」「アジア人」を差別的な蔑称でよんだ。黒人はすでにカリブ海の英領島嶼から来ていたようだ。狭く危険な坑内労働のため作業は同一民族ごとに「ギャング」（労働集団）が組まれ、ボスが指揮した。したがって白人作業集団のなかに日本人が写っている写真はまずない。

各エスニック・グループ間の問題は難しく、晩市やカナダ各地でのアジア人への排撃が高まるとその影響をうけた。とくに死者を弔うときだ。アジア人墓地は白人と別のところに設けた。死してなお差別である。ここで斃れた日本人労働者は同僚日本人によって丁重に葬られ、墓石も建立され、その全員ではないが、氏名・系譜も保存されて、日本流のお盆やお彼岸に墓参りする日系カナダ人の子孫も少なくない。

コモックス湖はじめ、カウチン湖、カウチン湾、クアミチャン湖、チマイナス町などと先住民（カナダ・インディアン）に由来する地名が多い。コモックスは、ユークラトウ語をはなす先住民の一族（トライブ）が「コムックスウエイ」（豊かの意）とよんだ湖からきている。この周辺に住む先住民は森林、海洋、湖沼の富で豊かであった。

海岸に生きる先住民の村を何度か訪ねて、日本人との共通点におどろいたものである。鮭漁を主要な生活にし、彼等の信仰は烏である。先住民の祖先は日本神話の「やたがらす」を連想させる烏で、カラス、鮭、人間の輪廻を形象する世界観である。

この世界観をもった先住民は米加の西海岸全体の海岸や陸地、島嶼にいくつものトライブをなして生活しており、いまも「自分たちのくに」（ファースト・ネーション）の主権を主張している。地形や季節の特徴から、米国のナバホ族やスー族のように巨大な大地と強力な行動力をともなったエスニック・グループは見当たらないようだ。海岸、谷間、島嶼に静かに生業を営んできたようにおもわれる。

炭鉱坑夫から森林伐採労働者へ

この先住民諸種族の生活するバンクーバー島周辺に「文明」は土足で踏み込んできた。カンバーランドの炭鉱や金属鉱山にイギリス系の白人が開発、掘削にやってくる。つぎに、北欧、東欧の国から移民労働者が到着する。かれらは英語を当初話せなかったが、文字や信仰も近かったから、やがて英語になれてくる。第一、坑内労働では議論することもすくない。

白人についで、黒人、アジア人労働者が吸収されてくる。日本人労働者が組織的に導入されたのは、『大陸日報』社の資料によれば、一八八一年、「神戸移民会社」の手で百余名、翌年さらに七十数名が引率されたのがはじまり、家族を含めて二百二十余人が二つの日本人集落を形成していたとある。この記録では全就労者数は一千六百五十余人、中国人が最大で九百人、白人五百人、イタリア人百人とある。石炭積み出しの作業や小製材所、ここにも日本人がおり、それで全部だ。

バンクーバー島や周辺は、むしろその後、木材産業の一大生産地に変身する。鈴木悦や梅月高市の時代が始まる。

一九三五年前後は、バンクーバー島の各木材キャンプは労資の間の力比べの天王山であった。戦前のＢＣ州労働運動の歴史を研究しているパトリシア・ウエジャアとホーウィ・スミスは一九三〇年代の時期区分を「ハングリーな三〇年代」とうまい表現をしている。

石炭も掘り尽くせば、鉱山は打ち捨てられる。その次に企業の目標は豊かな森林だ。日本人が働いた第五炭坑の写真がある。その背後には鬱蒼とした森林が伐採を待っているかのように写っている。

コモックス湖の背後には、バンクーバー島の背骨のように、二千メートル級のエルクホーン山塊、ゴールデン・ハインデ山などが連なり広大なストラスコーナ公園が鎮座して文明の浸食を拒んでいる。そこを迂回して南下すると、グレート・セントラル湖、スプロート湖といった巨大な湖沼や、アルバーニ・インレット（入り海）などの水郷になり、こんどは東側（太平洋岸）に開けている。

ポートアルバーニは「太平洋へのゲートウエイ」とよぶように、カナダでは、直接太平洋に開けている数少ない工業都市だ。その恩恵のかわりに日本などのアジアの地震による津波の洗礼もうけていた。カンバーランドの産物（鉱石や木材）はジョージア海峡をへて晩市などへ運ばれたが、ポートアルバーニ周辺のパルプ・木材などの産品は東向きのインレット（入り海）を通り外海を経て米国、日本など大型船で海外へ輸送された。

バンクーバー島に『日刊民衆』浸透

カナダをふくむ北米の大陸は太平洋岸にはカッターで切り込んだような入江、入り海が無数にある。氷河が切り刻んだフィヨルドやその残渣だ。海に迫って崩れ落ちる氷河を北米でなんども見たが、地球の温暖化で、一年に数キロも削られるとのことだった。したがってバンクーバー島やBC州北部のフィヨルドの痕とおもわれる入り海は両岸が絶壁のように海に迫っている。アルバーニ・インレットも同様で、最深部のポートアルバーニ周辺だけが、わずかに平地を形成している。

このあたりも先住民ヌッタ族の静かな漁村だったようだ。北米の先住民はカリフォルニア州からアラスカ州まで点々とバンドという小さな集団をつくって生活していた。後から来たヨーロッパ人が晩市から東へ定規で直線をひくように米加国境を、またプリンスルパートの北の入江やスキーナ河でもう一つのアラスカ・BC州に国境をさだめてしまった。

それゆえ、プリンスルパートがカナダの北限の町である。このプリンスルパートを訪問したときの梅月高市の写真が残っている。その背景に先住民のトーテムポール二本がみえる。先住民の国（ファースト・ネーション）の入り口の証である。梅月の写真は一九三八年八月の観光旅行だが、写真へのメモで一九二二年、十六年前、この地で「若き漁者」として働いたとある。

カナダに渡った日本人や北欧の移民の多数が仕事のない時期、臨時の漁者として働いた。きつい長時間の季節労働者であるが、高い給料をえた。仕事は戦前での樺太近海の「蟹工船」のように、鮭の水揚げ、処理加工、缶詰製造と厳しい環境での作業で若くないとできない仕事だった。

このポートアルバーニ（アルバーニ平原）周辺には、伐採丸太、建築材、パルプ、チップ、新聞用巻紙などの製品のための大型の木材関連産業が発達する。それゆえに、多大の資本投下が可能な米国の企業が目白押しになる。

地元の学者G・ハクとは、かれが森林労働について博士論文を執筆している一九八〇年代に知り合ったが、かれによると、アメリカでの南北戦争が終了して都市再建で木材への需要がたかまり、バンクーバー島の本格的な開発が日程にのぼってくる。ハクの美市にあった私宅へも招待されたことがある。開発の原動力は、やはり「ハドソン湾会社」だ。高校の世界史の教科書にでてくる程度の「ハドソン・ベイ・カンパニー」というのは、英国の経済的な支配の一端とおもえばよい。

一六七〇年に設立された当初は本社はロンドンに置かれていたが、のちカナダのウィニペグに移った。いまでも、ウィニペグの中心地区にでんと巨大なオフィス・工場・倉庫群がならぶ。いうまでもなく、当初毛皮貿易で富を築き、カナダの商業・流通業界をにぎった。いまも全カナダで六百をこえる店舗と、多数の関連企業がある。晩市などでは「ベイ」という名前で百貨店等をかまえているが、カナダ人は「ハドソン湾会社」と知っている。交通機関、資源開発、金融にも手をだしている。

一八五六年にアダム・ホーンというスコットランド人が「ハドソン会社」に毛皮商人として雇われ、かれはやがて、ここアルバーニ平原に到達、資源の豊かさを認識した。数年後、ロンドンから「アンダーソン会社」が進出、最初の製材所を創業する。これが、ポートアルバーニ木材産業のスタートだった。

一八五六年に操業を開始したという「アンダーソン製材」の写真をみると、小さな小屋がぽつんとあるだけだ。やがて、豊かな森林を目指して米国資本がつぎつぎに現れ、州知事から森林伐採権をえて材木生産に入る。その後、企業の浮沈はあったが、日本人が働きだした二十世紀初めには、マクミラン・ブローデル会社などの大資本がこの周辺で操業を広げていた。

生産基地の拡大、鉄道網や通信網の整備、商業施設と町が形成される。二〇一〇年代の今日も町は二万人規模の住民を擁している。オーシャン・フォールズなどのようなカンパニータウンとはやや異なる。

梅月が『日刊民衆』のコラム「労働時評」に書いていることのひとつが、例の差別的な「最低賃金制度」だ。なにしろ労使協定で明文化したので始末が悪い。ポートアルバーニ支部は二瓶や初代支部長の西村善五郎、支部長小林徳次郎、幹部の竹井清水といった筋金入りの活動家の永年の努力で、組織率は非常に高かった。二瓶がいうには百%近い日本人が組織されていたという。

人間関係、梅月は「同志的」と表現している。この森の男たちの絆は、のち数十年にわたってつづく。一九四一年の太平洋戦争の勃発で、ＢＣ州沿岸の日本人はばらばらにされて、ロッキー山脈の東側の全カナダの町や村に散りじりにされるが、そのあとも、強い結束をしめし、「難民化」しそうな日本人をまとめあげることができたのも、この組織や『日刊民衆』の文化的な遺留資産があったからにほかならない。

この梅月訪問時に受け入れ側を準備した竹井清水は、十年後の戦争末期、カナダ市民権をえてカナダに残った日系人（市民権を得た日本人をこのようによぶ）の団体に加入して活動している。これも後の話。

『日刊民衆』記者・梅月高市の訪問ルポ

一九三五年、梅月のポートアルバーニ訪問の際、初代支部長の西村の私宅を訪問したが、それは旧知の同志・西村が妻を喪い、五人の子供を男手ひとりで育てていたからだ。工場で働きながら、「食事から、洗濯」「子供の靴下修理を朝早くみんながまだ寝ているうちに」と過労をねぎらうためであった。

湖水地帯のなかでもグレート・セントラル湖は文字通り、長さおよそ五十キロの広大なもの。沿岸は氷河時代に削られた垂直の岩壁や滝水でふちどられ、森林も湖面に迫っている。したがって、沿岸に建物は造りにくく、建造物は湖面に浮かぶような形体が始まりのようだ。

この湖の周辺や入江の各地に製紙工場やパルプ・プラントがつくられてゆく。それに、日本人労働者も引き込まれてゆき、日本人労働者キャンプが建設されてゆく。順不同にあげると、グレート・セントラル・キャンプ、スプロール・レイク・キャンプ、ポート・アルバーニ・キャンプなどだ。ここにあげた名前のキャンプには、いずれも、「キャンプミル労組ローカル31」の支部が設けられたが、支部が未組織の小さなキャンプもかなりある。

日本人企業で産出品の原木や建築材を日本へ送っているロイストン製材は知られているが、これ以外にもユニオン製材、レディスミス製材など数十の地点を上げることが可能だ。

梅月高市も組合の幹事、『日刊民衆』の記者として時としてこれらのキャンプを訪問している。一九三五年夏、梅月は組合のポートアルバーニ支部の定例会に招かれて訪問した記事が『日刊民衆』に掲載された。長文なので、かいつまんで引用する。

梅月の同支部訪問は三度目だ。一回目は鈴木悦ら三人で、二回目は前年のメーデー取材で。順路は晩市から一日二便の定期船でバンクーバー島のナナイモ市へ向かう。朝十時発だと翌日午前九時十五分着、およそ一日の船旅である。そこから単線蒸気機関車、車中昼寝したほどだから、結構な距離である。夕刻、ポートアルバーニ駅着、数人の幹部が出迎える。

幹部というのは、いまや支部長になった二瓶熊治たちだ。二瓶は職場でながいあいだ「過激分子」の一員とみなされて、ほされていた。艱難辛苦、職場を長年、まとめ上げていた。晩市のちかくで余生をおくっていたジョン・ニヘイ（市民権をえてからこのように呼ばれていた）にあったとき、戦時を大切に保持していた個人の記録にまざってポートアルバーニ時代の組合の記録の『日刊民衆』のクリッピングや写真をみせてくれた。かれの人生そのものだ。

二瓶とともに梅月を出迎えたのは、高岡正男らであった。隣接のブローデルに新しい製材工場を建設中で景気は上向きという時期だ。ポートアルバーニ駅から鉄道沿いに徒歩で支部のあるキャンプに着く。

一九三五年ころから、経済は上向きになり、多くの製紙・パルプ・製材所がフル操業になり、また新しい工場が開設されだしていた。「ローカル31」支部も当初、ポートアルバーニ地区のアルバーニ・パシフィック製材所労働者が中心であったが、一九三五年二月にはグレート・セントラルの「P」工場が操業をはじめたので、そこの日本人も組合員として受け入れ始めた。日本と異なり、企業別労組ではなく、米国のCIO（産業別組合会議）の傘下で運動を始めたわけなので、支部は企業名でなく地域名で区分されていた。ポートアルバーニ支部は伝統をもった活発な運動をもっていたものの、課題もあった。『日刊民衆』（一九三五年十月十四日）は支部からのつぎの報告を掲載している。

「在加同胞の第一世の発展の余地及び年齢等は既に『老境』といった立場におかれている。今後の支部ならびに本部の発展は第二世の働き如何によると思われ、広汎にわたる第二世労働者の組合への組織化が必要である」

当時は「第二世問題」という深刻な課題があらゆる分野で巻き起こった。これは、すべての新移民に通じたテーマである。移民も二十年もたてば、結婚し出産し、子育てが始まる。二世はホスト社会の子供たちと同様、ホスト社会、ここでは英語が母語である。同じコミュニティの子供たちと遊び、仲間になれば英語でコミュニケーションをし、カナダの慣習、ルール、食べ物、文化、価値観を知らず知らずに身につける。ときに、両親の出身社会、すなわち日本の言葉、習慣、価値観よりもカナダで身に付けたものの方がつよい。

ここに、親の煩悶・苦脳がはじまる。

まずは、言葉である。親子のあいだでも言葉が通じない。親が子供を叱るとき、「オイ、気をつけろ」と怒鳴ると、「イエース」と両手を広げて返事をする。親のほうは、「それが、親に対する態度か」となる。

どの民族でも子供に母語を教えているが、晩市でもパウエル街にも立派な日本語学校「共立学園」のほか、各地の日本人コミュニティには、独立の学校や寺院の日曜日本語教室があった。しかも『日刊民衆』は逆に、日本人の女性に英語学校を開いていた。

梅月は同紙で、「金曜日の晩からキャンプミル労組婦人部の英語学校がキチラーノ方面でも開校、婦人部の英語学校はパウエル街と二ヵ所になった。いかに二世に日本語を教えたところで、吾等が加奈陀に居住する以上英語は絶対に必要だ。英語習得に払う努力が少なすぎる。尾崎行雄氏が来晩したさい『英語で行け』と簡明に説明したことがある」とコラムにかいた。この労組の英語学校の受講者はすべて母親であった。それだけ、二世とのコミュニケーションの不足を感じていたのだ。だが、仕事、家事、経済事情でホスト社会の英語学校に通えず、金曜日夜のこの制度を利用したのだ。

二世にも苦悩があった。とくにポートアルバーニのようなカンパニータウンで働くようになると、日本人だけの組合支部での職場集会や『日刊民衆』での伝達の内容はさっぱり分からなかった。晩市市内での雑多な稼業に従事していた二世は親の世代のいうことも、父祖の国日本の情報もさっぱり理解に苦しんだ。日米の国際緊張が日増しに強まってゆく中で、なおさらであった。

ここに、UBC（ブリティシュ・コロンビア大学）の新聞学科を卒業したような、高学歴になった二世を中心に英語による新聞が生まれてくる。これは、梅月にせよ、カナダ日系人にとっても重要なとてもエポックなので、章を改めてのべたい。

日本人の拠点・ポートアルバーニのプラント

「ローカル31」の当面の大問題は最低賃金制での差別待遇であった。最低賃金制は、労働運動の長年の成果のひとつにみえるが、非常に複雑で巧みな差別を含んでいた。最低賃金制度というのはいうまでもなく、「全ての労働者」に一定額の最低賃金を企業は保証することを法律によって義務付けることだが、二十五％の除外例を認めたのだ。この二十五％の除外例にアジア人労働者がはいったのだから、差別賃金を労使で制度化したようなものであった。

バンクーバー島の日本人労働者はこの差別制度の撤廃に長年たたかっていたのである。

「キャンプミル労組ローカル31」のいくつもの支部がポートアルバーニの周辺に横たわっていた。グレートセントラル支部が生まれた一九二七年、ポートアルバーニ支部はその翌年の一九二八年、一九二九年にはスプロートレーキ支部、さらにチマイナス支部、と続いた。これらは、不況の時期ももちこたえて組合は存続できたのである。

ポートアルバーニにはもともと「共和会」という自治団体があった。「ボス」とよばれる日本人の世話人が、日本から引連れてきた労働者の自治活動を伸ばすべく組織したものだが、組合支部はこれと一体となって活動していた。ここは、二瓶熊吉が幹部として頑張っており歴史もあっただけに、梅月にかぎらず、晩市からも足しげく関係者が訪問している。

第11章 加藤勘十のキャンプ巡回講演

加籐勘十、ポートアルバーニの組合会議へ出席

梅月高市はＢＣ州内をよく歩き回った。旅好き、釣り好きだけではない。「日本人キャンプミル労組ローカル31」の幹事、『日刊民衆』の編集長として、組合用語をつかえばオルグと、新聞の取材・拡張・集金、ときにひとときの息抜きをかねていた。

幹事というのは、今風にいえば書記長・事務局長のようなものだろう。一九三〇年代後半には組合支部は、東方の内陸部にあるオカナガン支部と、晩市に南接する新西院支部をのぞくと、西海岸に集中していた。オカナガン支部はオカナガン湖周辺の農地を職場とする農業労働者が主力ですこし変わっていた。新西院支部はサイモンフレーザー河岸に点在する製材所の労働者である。

全体からみてもジョージア・ストレート（海峡）で向かい合うバンクーバー島のなかに横たわるポートアルバーニ、グレートセントラルなどの巨大パルプ・製紙プラントの基幹産業が拠

点であった。あとは、オーシャン・フォールズなど大陸側のキャンプや工場だ。オーシャン・フォールズは人脈・思想的には仲間であったが、組織化の経過から直接白人のＡＦＬの傘下になっていた。それ以外にも、一九三〇年代にはいると、白人の組合に加入していたものは相当にいる。

梅月は強力な支部だったポートアルバーニ支部へ出かけるのが楽しみだったようで、ちょくちょく出向いている。船、汽車、車での移動も気持ちよかったが、古い友人たちとの交歓も息抜きだった。支部のメンバーも梅月が持ち込む土産話が待ちどうしかったのかもしれない。

一九三五年初夏、加籐勘十の米加訪問時も、晩市への招待にとどまらず、バンクーバー島にまで足を延ばしての講演である。七月二十三日からグレートセントラル、スプレートレーキ、ポートアルバーニの各支部を多忙のなか巡回している。ポートアルバーニ支部では盛装したパルプ・製紙労働者五十人ほどと記念写真をのこしている。労働者たちの職場集会、白人たちがいう一種の「ソーシャルパーティ」である。写真には、加籐、梅月らと幹部たちが晴れやかだが、菜っ葉服ではなく、一張羅の背広にきがえて、緊張した顔つきで写っている。

加藤は米加への歴訪が終わって帰国した翌年、その報告記『転換期のアメリカ』（改造社）を出版した。加籐の訪米ミッションは経費、ビザとも難産であった。その成功は労働者にも胸打つものを残した。

加藤の任務は日本とアメリカの労働者の交流・連帯だが、前に述べたようにコミンテルン・プロフィンテルンといったモスクワの意図する「人民戦線」「統一戦線」の日本への伝達と

「反戦反ファシズム戦線」の浸透だった。この意図、一九〇四年八月の片山潜のアムステルダムでの第二インターナショナル大会での日露戦争に反対するアピールにも匹敵する歴史的重要性をもっていたと思う。この歴史的な意義は、存外気づかれていない。

片山のアムステルダム会議出席も、加藤のアメリカでの活動も結果として日露戦争、日米戦争を止めることはできなかったが、前者がメディアでも大々的に報じられて知られているのに、後者は秘密裏の工作だったために戦後までほとんど知られなかった。前者が世界戦争を回避したいという人々の願いが背景にあったが、後者にはモスクワの独善的な意図が見え見えだったからかもしれない。

梅月はキャンプミル労組の定期総会（第十七回、一九三六年一月）で幹事として加藤の訪問をつぎのように報告している。かれは、ときに『日刊民衆』の記者、ときに組合幹事の二つの役をこなしていた。組合の総会はだいたい一月なのは、ヤマが雪に覆われて、労働者に仕事が減り晩市へ下りてきていたからだ。正月を家族、友人と過ごす意味もある。

報告は『日刊民衆』の一月二十七日号にある。

「加藤勘十氏　講演に招待

この事に関しては、組合では招待状を発し、氏は喜んでこれを受託されました。最初旅券の査証問題から一寸トラブルが起こりましたが、結局予定より少しおくれて昨年六月に着米。本組合は他の団体と協同主宰のもとに△グレート・セントラル支部△ポートアルバーニ支部△スティブストン△ポートヘネー△晩市内の各地で講演して頂きました。

加藤氏の来加を機会として、同氏が滞米中に接触してきた在米の日本人労組のことを知ることができた。まづ情報の交換、交友関係を結んでゆきたい」（要旨）

『日刊民衆』の同日の号ではまた、組合婦人部のメンバーが晩市内での加藤勘十の座談会にも出席している。婦人部は鈴木悦の妻・俊子が創立時の主役だったが、組合の第十七回大会のあった一九三六年一月時点では、俊子は米国へ移住したり、カナダへ戻ったり、日本へ帰国する気持ちで揺れていた。むろん、「キャンプミル労組ローカル31」どころではなかったろう。

この大会時の婦人部の役員では新顔の女性が名前をだした。おおくは、親組合の役員の女房である。「組織訪問部」という現代風にいえば「オルグ」に、宇都宮鹿之助の女房・吉栄、佐田種次組合長の女房・まつ子、作久本盛矩の女房・てる子、神野専の女房・花子らだ。この順序は、組合役員選挙で、一位梅月につぐ得票数の当選者である。

まだ、梅月千代らは顔をだしていない。女房たちにも活動歴があった。組合役員でも、のちに大立者になる益田徳平（八位の得票）、吉田忠次郎（二十六位）ら七人の新人が加わった。加藤が訪米していた一九三五、六年は経済は上向きかげんではあったが、米加、世界各地で失業問題など争議が頻発していた。

米国でもっとも先鋭的だったのは、東部ニュージャージー州パサイク郡での女子工員のスト、西部各州の海員、沿岸、倉庫労働者のスト、それに全国的な「失業者」の政治中心地への徒歩マーチだった。ただ、この徒歩マーチはどちらかというと、コムニストの戦略的なキャンペーンであったため、『日刊民衆』も「出晩の失業者中心に三千余が集会。〈救済キャンプを廃止せよ〉と悲痛なる声」（一九三五年四月九日）と大きく記事にしたが、どちらかというと「他所事」の感をまぬがれない。

プロフィンテルンのイニシャチブだから、米加はおろか世界的な左翼労組が足並みをそろえた。カナダの日本人労働者のあいだでも、この運動に積極的に参加したグループもあったが、歴史的な確執もあって梅月らキャンプミル労組はどちらかというと冷ややかだった。だが加藤は「公平」に、これらをつぶさに調査した。

加藤は米国の事情の多くを『日刊民衆』に伝え、加藤はそれを目にしている。日本にいては入手できない情報だ。帰国して『転換期のアメリカ』で報告し、集会やレポートで日本の労働者につたえた。日本人は加藤を通じて「失業問題」「反戦反ファシズム」という米国の新しい動向も知った。梅月高市はこの加藤の著書を入手、自分たちの労組のことが書かれていることを『日刊民衆』で得意げに報告している。

ポートアルバーニの製材所はこの平原ではもっとも古い企業で、一九一八年に創業している。同時に森林鉄道から、貨客鉄道まで運用する「アルバーニ太平洋木材」会社の名のように、一大独占体で、戦後まで輸出もてがけた。製材所の境界まで巨木が生い茂っていたが、これも自然収奪産業の運命で、伐採が終了した一九五四年ころ、閉鎖された。

ただ、組合幹部の原金二郎の報告によれば、日本人が小さなシングルミル（板塀製造）時代に大工として働き始めたのは一九一一年までさかのぼる。組合の努力で二重の搾取の原因であった「日本人ボス」を廃止、白人労働者とのおりあいもよく、「自由さのためには、はじめて住みここちよい社会もつくられると、家をもち土地を買って永住の地とさだめている」と原は報告している。

浮沈激しい各地の支部や職場

ポートアルバーニは日米開戦による日本人の強制収容所への移動まで、多数の日本人がここを終の棲家とかんがえて踏みとどまった好運な地区といえる。ここに近接したグレートセントラルやスプロートレーキの組合支部は、企業の操業縮小や一時閉鎖などで労働者は浮沈にゆすられた。解散に追い込まれた支部もある。よく知られているのが、ポートアリスである。一九二七年に支部が設立されたが、大争議の末、全員退去して消滅した。ここの争議はすでに紹介したが、カナダの歴史に残るものであった。

グラートン。一九二八年一月に組合の末端組織である「班」が結成されたが、一九三〇年には工場閉鎖、一年後、「班」を解散。

ターミナル班。晩市市内の職場、一九二八年九月に組織化、まもなく職場が閉鎖され十二月に解散。

シャニガンレーキ。一九三〇年四月支部設立、工場閉鎖のため一九三四年四月、解散。

解散した工場やキャンプの森の男たちは転職し、そこで新しい支部に参加するか、点在組合員として絆をたもった。なかでも、バンクーバー島北端にちかいクイン・シャロットの瀬戸にうかぶ小島コルモラント島のアラートベイにあった組合の班はふるい歴史をもった組織であった。いまでは人口数百人、もともと先住民のナムジス族の生地だ。ここに、一九二七年五月のメーデーを期して支部が誕生した。だが、「僻地」のことでもあり、『日刊民衆』配布以外の情報網もすくないこと、創設をひきいた山本英三、内藤長治らの幹部が死去すると、発展がとどこおり、十人ていどの組合員が死守しているという状況が一九三〇年代末までつづく。

実のところ、支部や班で百名をこえるところはあまりなく、操業の盛衰や工場閉鎖で、解散したり再建されたりのくりかえしの職場もおおかった。建材に依拠しているミルでは、市況にはげしく揺さぶられてきたからだ。それに対してオーシャン・フォールズのようにパルプ・製紙を主な生産物としているプラントは大資本を投資した装置産業で、ひろく世界の市場を顧客にしていたこともあり、やや事情はちがった。

「ローカル31」にとって、白人の組合同様、組合を維持し、運動を続けることは容易のことでなかったことだろう。梅月はじめ、本部に詰めている幹部が足しげく、支部訪問をおこなったのはこのためだ。梅月らは、支部訪問のとき、汽船や鉄道の安い料金の席を確保し、支部では組合員の家庭に宿泊した。

本部役員の大部分は晩市のパウエル街の日本人コミュニティに住み、一部は市内の製材所で働いていたが、他は、フリーランスで雑多な業務で生計を立てていたようだ。組合本部の仕事ももちろんボランティアで、専従幹事のはずの梅月もほとんど給料はなし、『日刊民衆』の収入から活動費を捻出、細君の千代が働いて助けた。

失業問題では、政府は失業保険、独身の失業者のための「救済キャンプ」、失業家族のための「失業者協同農園」での開拓支援と焦眉の政策だった。各地でデモ、集会、暴動寸前の行動が頻発していたからだ。

カナダ政府が一九三一年センサスをもとに人種別の就労率を発表していておもしろい。労働力全体での就労率は四十八％、男子七十七％、女子十七％。人種ではドイツ、オーストリア系五十一％、英国四十八％、仏四十六％。女子に限ればユダヤ二十二％、アイルランド二十二％、イングランド十七％。アジア系は統計がない。

当時の木材産業は自然収奪事業だったから山林の多寡に左右され、季節的な制約をうけ、さらに景気変動の波に洗われて、各事業所や組合支部の安定性は常に問題をかかえた。工場・キャンプ・プラントの縮小、移転、閉鎖で職を失えば、組合員はすぐ減少した。『日刊民衆』や「ローカル31」はつねに読者・組合員の更新に努力しなければならなかった。

梅月が年に何度も支部を訪問したのはそのためだ。梅月だけでなく、本部詰めの「手のすいた」幹部も同様だ。組合会計を担当していた益田徳平も率先して販促の「オルグ」に出向いた記事がある。ウオノック地方の農村の日本人家庭を戸別訪問しての『日刊民衆』購読勧誘だ。

販促の戸別訪問といっても、かって木材産業の同僚で、時を経て帰農したもので、知己の間柄、汽車での訪問に農家の日本人たち、益田に敬意を表して昼食のサービス、歓迎の宴会、家庭への一泊の支援と様子がやや異なる。この「農村巡り」の記事が同胞のニュースに飢えている日本人労働者、読者に受けることになる。

益田が販促に出向いたウオルノックの農家では「ヤー、益田さん」という旧知の仲であったように、見知らぬ家庭に飛び込みでゆくことはさすがにない。「丁度、向田君が畑で仕事中をみかけ、私が『日刊民衆』で働くようになった事、出張の趣旨を話し、購読の承諾を得たり」と。

『日刊民衆』は広告料や販売収入で基本的に財源としていたものの、組合機関紙でもあったので、ボランティアの活動に負うところが多い。梅月や本部役員の取材で動向が記事になるが、それぞれの職場や地域にいる役員、読者からの投稿・通信の比重もばかにならない。一九三六年の元日号には、ポートアルバーニの原金二郎、チマイナスの林庄作らが長い通信をよせている。

いずれの職場もしっかりした役員がいて組合支部、また日本人コミュニティとしての活動がうかがえるが、時代の荒波に揺れ動いてきている。バンクーバー島の比較的ヴィクトリア市にちかいチマイナス支部の林庄作からの報告がプラント、コミュニティ、支部の消沈の典型例である。

工場の始動は一九二五年、水車動力の製材だった時期、日本人の大半は漁業で、定住のウッドワーカーは二十人ほど、インド人、清国人が少数。失火、全焼のあと再開すると、日本人労働者は百三十人をこし、南北アメリカ、英国、日本への輸出で企業は利益をあげる。一九二九年に「キャンプミル労組」の支部が創立され、チマイナス地方日本人自治会、同婦人会、佛教会などと協力して定住の意向が強まってきていた。

労働組合といいながら、おんな・こどもを含めた居住の全日本人の自治会とあらゆる面でタイアップしていることだ。日本でもかつて「炭住」(炭鉱)「社宅」街に見られた。これが、都市化している晩市市内の日本人とちがう。晩市内では、組合、商人、えたいのしれない浪人、官僚らが混然としており、対立も小さくない。

晩市を離れた山間、島嶼での日本人は、まず住民結束の証である全住民のコミュニティ団体の自治会、ついで利益集団ごとの団体や階層別の団体が生まれる。まるで社会学の集団論のテキストそのものである。そして家庭がきづかれ、出産、育児、教育と二世の誕生である。これこそ、日本人がカナダに定住し、発展してゆく上での希望であり、鍵であった。

カナダ生まれの二世の成長は目覚ましかった。小さな島嶼の製材所でも、日本人は教育に熱心であり、土地の公立小学校に通学する子供たちはその親の期待にこたえた。学業にかぎらず、学校の行事で「クイーン」に選ばれた日本人少女のこと、楽器演奏で白人をふくむコミュニティの喝采をあびたこと、学外のボーイスカウトやボランティアに参加して表彰されたことなどが、『日刊民衆』に通信記事としてのることが多かった。

「新西院」地方は晩市と接続したフレーザー河畔の中小ソーミル集積地だけに、日本人はこどもの進学(ハイスクール)にも便利なため早くから定住志向であった。ここでは支部幹部の沖広浩一郎、田中時一、雨森光雄、藤原保夫といった古くから定着しているメンバーが中心になり、むしろ白人ランバーマンをどう組織してゆくか、人種的偏見をいかに払拭してゆくか、などが研究されていると、『日刊民衆』記事(一九三五年四月八日)にみえる。

晩市内や近郊の二世のなかにはすでに大学教育に進んでいるものさえ出てきた。新しい「日本人」（カナダ市民権があるので日系人と言おう）の出現だ。「ポートアルバーニ」支部の創立七周年の会合では、製材所で働く二世から「二世の選挙権など最早実際運動に入らねばならない時」（『日刊民衆』一九三五年三月二十八日）だという意見さえ見られた。かれらには選挙権があることを気付きはじめたのだ。

ここに二世とその運動、二世の英文新聞の出現となる。

二世の新聞『ザ・ニュー・カナディアン』創刊

二世の結集と新聞創刊は複雑な経緯がある。二世のハイスクールへの進学率は親の世代や同時期の白人の家庭より高かったのは、ひとえに一世の教育熱心があった。日本人の教育熱心はつとに有名だが、なによりもカナダで差別されない語学力や知識をみにつけさせようという親の熱意だった。これは、裏をかえせば、カナダで生まれ教育をうけた子供たちと永遠にこの国へ住もうという定住の決意のあらわれだった。

ハイスクールを卒業した二世は年々増大した。ところが、ここに壁があった。就職できないのである。公務員、公立学校教員、軍人、公営企業での採用はほぼ皆無であった。民間の大手の企業のホワイトカラー、技術者、基幹産業での職員の採用もまず無かった。

二世はやむなく、一世と同様に山林伐採キャンプ、製材所、庭師、漁夫、農業労働者などの仕事で糊口をしのぐしかなかった。二世はカナダ国民である。それに、白人よりも高学歴、また学業も優秀だった。これは、もくろみ外れであり、カナダ社会の約束がちがう。

二世が不満と異議申立のため、まとまり始めた。

時代が変わり始めていた。エスニック集団としての日本人も日系人になり始めていた。新しい日系人は梅月たちのように、労働運動、労働組合主義ではなく、カナダ市民としてまずカナダの憲法や民主主義にもとづく結集と運動を始めていた。

日本人二世の戦前の状態を、このストリーの流れから、日本人労働者の集積地、バンクーバー島のナナイモ周辺から始めよう。

ここに二世のロバート・オカザキ・カツマサが日英両文で執筆し、タイプ印刷で発行した一冊の本がある。『戦時捕虜収容所「101」1941年→1946年』(一九九四年、非売品)だ。「101」とは、オンタリオ州アングラーに設置され、日本人グループを強制収容したキャンプのこと、オカザキはここへ放り込まれた。この収容所は政府に反抗的とされた日本人をドイツ兵の捕虜らと一緒に収容して強制労働にも動員されたが、数ある収容所のうちあまり知られていない。幸いのことに、オカザキはこの収容所生活を克明に日記に記して生き延びた。

なぜオカザキから書き起こすか。岡山県出身の両親が採炭夫として働いていたカンバーランド炭鉱第五坑で一九一七年に生まれた二世である。酷い差別と過酷な労働で炭鉱にいた日本人の意識として、生まれた子供の何人かは実家のある郷里で教育を受けさせた。日本で教育したあと、「市民権」をもつカナダへ再び帰国するので「帰加日系人」とよんだ。

オカザキもそのひとりだ。日本に一度も送られなかった二世少年とくらべて日本語のちからはついたが、その分、英語力はおちた。もっと問題なのは意識である。自分で日本人かカナダ人かのアイデンティティが確立せず、「二つの祖国」に苦しむ。生まれてそのままカナダに育った二世にも、多少なりともそれはあった。カナダ政府や白人社会が「普通のカナダ人」として扱ってくれないからだ。

オカザキは成長してカナダに帰るとバンクーバー島北部のポートアリスのパルプ・製紙プラントで働き始めた。普通の日本人二世の経路である。ここは、キャンプミル労組の支部はなかったが『日刊民衆』の読者や点在組合員はいた。かれの弟は日本へゆかず晩市の高等教育機関に進学、その学費をロバートが賃金の中からおくっていた。これもよくあるケースだ。親や兄弟にしてみれば、カナダで高等教育をうけさせれば、すこしはましな仕事にありつけるはずであった。それは次第に裏切られた。

晩市の二世が立ち上がり始めた。

第12章　二世の成長と英字新聞の創刊

日本町と日本人コミュニティの破壊序曲

一九三八、九年は欧州大陸や中国大陸での戦闘拡大や日米関係の緊張など不安なニュースに溢れてはいたが、日本人コミュニティや日本人の家庭、職場はこの頃が過去もっとも爛熟していた時代だったかもしれない。そんな中、成長する二世、すなわち日系カナダ人の若者の動向は誰しも注目していた。

一九三八年に実施した加奈陀日本人会の日本人・日系人のセンサスがある。それによると、在留日本人二万二八四〇人、カナダ生まれの日系人、すなわちカナダの市民権（国籍）をもつ人口は一万三一四三人、カナダに帰化したもの二三一六人にもなった。州によっては、この合計は日本国籍所有者をはるかにこえたのである。

「日本人」「邦人」と一口にいうが、その人口動態は大変な変化をしていたのだ。その二世の中に、のちカナダ政府の次官にまでなるトーマス・K・ショーヤマや、米国へ渡りサンフランシスコ州立大学学長、さらに米国上院議員にまでなるサミュエル・I・ハヤカワがいた。ハヤカワは言語学者として戦後日本に「意味論」の分野で大きな影響を与えたのでも著名だ。

かれらカナダの日系二世はJCCLという団体をつくる。K・ショーヤマ（日本名は生山国人）はUBC（BC大学）卒業の優秀な若者だったが、日本人の血をひくため職がなかった。やむなく晩市の北はるか内陸部のウッドファイバーにあるパルプ製紙・製材の工場で働く。車と船をのりついでの入江の奥で、夏も雪をいただくセラータス山が背後にみえた。ここに一九一二年に小さな製材所がうまれたためか、ミルクリークとよぶ湖水など風光明媚にはちがいなかった。資本が増強されてパルププラントもできていた。

ウッドファイバーには鳥取県人などが就業をはじめており、日本人の集積地としては比較的古い。一九三八年の調査では一六六戸、三一三人の日本人・日系人が小さなコミュニティをつくっていた。ここには、「キャンプ・ミル労組」の支部はなかったが、点在の組合員や『日刊民衆』の読者はいた。また「一心会」という整備された自治団体もあって日本人の若者になにくれとなく援助の手を惜しまなかった。

その読者のひとりは、『日刊民衆』（一九三九年十月十四日）に「労組創立二十周年」のお祝いの文章をよせている。内容は会員に忠実たれという一般的なものだが、筆名で投稿しているように、実名をはばかる会社町、ここは組合活動そのものが活発であったわけではない。晩市に比較的ちかく、二世が多かったのだ。

かれら二世は一九三八年十一月、『ニュー・カナディアン』（『NC』と略す）という英文の日系人向けの新聞を出す。百部印刷したという。だが二号が出ない。翌年二月、やっと二号を出すが、そのためウッドファイバーで働いていたショーヤマらがよばれた。大勢の二世や若い日本人に声をかけたのは資金を出させるためだったようだが、最近、これに実は日本政府がひそかに資金をだしていたことを論証した人がいる。

盛岡で「岩手カナダ移民史研究所」を主宰している菊池孝育の『岩手の先人とカナダ』(二〇〇七年)の中だ。菊池が当時の晩市の日本領事館副領事だった小川徳助や梅月高市の右腕・沖広浩一郎らの証言をもとに再現すると、『ニュー・カナディアン』創設の主役であった東信夫、エド・大内らに一九三六年から一九四一年十二月、すなわち日米戦争勃発まで領事館の「機密費」から月々三百ドルが支給された。十二月以降は「時局委員会」からの支給になった。この「時局委員会」の集金方法と使い道は明らかにされていない。全日本人から集めたものだけに、当時から疑いの目が強かった。翻訳などの給与も別にあった。

小川徳助によれば、これらの領事館会計簿の記録を開戦後、削除・破棄するのに大変な苦労があったとか。領事館の「業務」の一つが、滞在国の市民の意識・世論に働きかけることであり、そのため滞在国の日本語、現地の言語のメディアに経済的に支援することは私が調査したどの国家でも行っていた。日本がとりたてて突出して「不正」というわけでもない。ただ日本のやり方は稚拙なだけである。

ともあれ、『ニュー・カナディアン』をめぐる創刊時の経営事情の不可解な問題はこれでかなり了解できた。では領事館は他の日本語新聞への援助は行っていたか。それはあったと思う。

ただ『日刊民衆』に対しては、当初かなり好意的であったが、だんだん距離を置くようになった。日米関係の緊張化と新聞の「左傾」化であろう。

これら一連の日加関係のからむ「時局」は、皮肉にも間もなく勃発する太平洋戦争と、カナダ在住日本人・日系人全員の強制収容所への押し込め、日本人指導者の逮捕、一切の活動の破壊、生活・生業・財産の没収、という日本町の破壊への序曲であった。

梅月も例外でなく、その活動、生活の糧であった『日刊民衆』の発行停止処分、組合の解体となる。ところが、梅月は偶然にもまもなく『ニュー・カナディアン』の日本語欄の仕事をうることになり、これが、かれの生涯の事業となり、全日本人を戦争による難民化から救い出す重要な武器となったのである。ジャーナリスト梅月のカナダでの活躍の第二幕だが、これはもう少し先のはなしである。

『ニュー・カナディアン』の時代の燭光

カナダの日本人もカナダ生まれの二世の時代が始まった。梅月の意識も変化してきた。梅月の個人『レコード』の一九三八年四月六日には「レフォー弁護士を通じて帰化申請書提出。三か月後に調べがある筈」と記入されている。いよいよカナダ永住、帰化の手続きを具体化し始めたのだ。子供もビリー、マジョリーと増え、それにカタカナの名前をすでに付けていた。

かれは、やがて『ニュー・カナディアン』の編集、経営、社長職を引き受けることになるのも、自然であった。梅月は労働組合機関紙の編集者からエスニック集団としての「日本人」全体の生死の舵を取るジャーナリストに変身・成長してゆく心の準備を一九四〇年ころには始めていたのだ。

この頃になると二世の発言力は日本人・日系人社会のなかでは高まっていたが、二世だけで金を集めるという段になると別である。金は一世がまだしっかりと握っていた。二世のパイオニアであるハヤカワたちは、ある程度日本語ができた。そうでないと、家庭のなかで英語の不可能な両親とコミュニケーションができない。のちにサンフランシスコ州立大学の学長になり、「新左翼」の学生の大学占拠を力で抑えて、「保守派」として著名になったハヤカワとある会合で一緒になったことがある。参加者の署名欄に「Ｉ・早川」という達者な日本語のサインをしていた。

『ニュー・カナディアン』を創刊した二世の先進的グループは、その読者拡大に日本語学校の履修者に眼をつけた。これは賢い着眼だった。なぜなら、ＢＣ州全体に無数にあった日本語学校で学ぶのはカナダ生まれの日系人だった。だいたい両親の強い希望だ。

『ニュー・カナディアン』の創刊時に大いに能力を発揮したのは、東《ひがし》信夫だ。東はカナダ生まれの二世ではなかったが、牧師の父がカナダ赴任前に日本で生まれ、渡加後はＢＣ大學でジャーナリズムを学んだ。完璧なバイリンガルであった。これは、重宝な人材で、二世の新聞を生むうえで、一世と二世の要となり、日本領事館からの資金援助のパイプになった。

『ニュー・カナディアン』のキーパーソン東信夫

日本の外交当局は、東のような人材を探していた。当面の仕事として中国大陸、ことに満州での「弘報」活動だ。これはたんなる周知のための広報ではない。満州での日本帝国の政策を広めるだけでなく、現地のジャーナリズムを操作し、メディアを統制し、情報・諜報活動を援けることだ。日本国内では供給し難い人材を必要としていた。すでに、カナダからは『大陸日報』社長の山崎寧、『日刊民衆』の田村俊子（鈴木悦の妻）らが、日本政府の支援で中国大陸へジャーナリストとして招かれていた。東の卓越した国際ジャーナリストとしての能力と不思議な軌道にはまた触れる。

東も間もなく、満州の英字新聞の論説記者としてカナダをはなれた。その後の東のソ連抑留などの悲劇的な人生はこの時期知るよしもなかった。

『ニュー・カナディアン』創刊時の東の活動や努力の様子がうかがえる一把の文書ファイルが手元にある。東が残したものだ。文書の大半は一九四一年末の在加日本人団体や個人のリストである。『ニュー・カナディアン』の読者拡大のためのものか、東らが組織したＪＣＣＬ（日系カナダ市民連盟）のネットワーク用のものか、その他の使用目的のものかわからない。ＪＣＣＬは二世、すなわちカナダ生まれの日系人の団体ということだが、文書ファイルには、次のようなほぼ全日本人・日系人の実態を掌握するグループ別の分類ファイルが綴じられてある。

《第１のグループ》

一世の組織。ブリタニアの懇話会、からウッドファイバーの一心会まで、ＡＢＣ順に約百ヵ所の公式の組織が住所とともに列挙されていて、これ自体、たいそう資料的価値の高いデータだ。当然、在加日本人会の「下部団体」的な正格をもつ、各地の日本人集積地にある自治会が多いが、農業、漁業、製材所、同業組合もはいる。このリストをみて気づくのは、圧倒的に木材関連産業が多いものの、必ずしも梅月高市が幹事をしている「キャンプ・ミル労組」の支部として参加せず、「キャンプ」を統率する「ボス」の名をとった組織が相当あることだ。

たとえば、ダンカンの「ワタナベキャンプ」、グリーンコープの「カシノキャンプ」、ハーネイの「タキモトキャンプ」というように、ボス名の団体名が数十か所ある。日本人が十数人、ときに数人ずつ、せまい白人の壁の隙間をたぐってBC州の奥地にまで進出していることを示している。

《第2のグループ》

「ブッセイ・グループ」（佛青）が十数団体、それにYMCAのようなキリスト教関連の青年グループ。

《第3のグループ》

福岡青年会のような郷党団体。ここでは、ドン・スギヤマが会長、たぶん「帰加」青年だろう。また熊本青年会など数十団体。スポーツ倶楽部、BC州で著名な「アサヒ・ベースボール倶楽部」はじめ、やはり十数団体の名がリストアップされている。カナダ人も日本人も野球好きである。このチームは対日本人倶楽部だけでなく、白人、さらに国境をこえて米国側のチームとも盛んに試合をおこなった。アマチュアチームであるが、東京巨人軍が来訪するや交流試合をおこない、多数のファンを惹き付けた。
野球試合は二世、一世の区別なく、熱狂し、『日刊民衆』『大陸日報』『加奈陀日々新聞』といった日本語メディアを奪うように読みあった。英字新聞も同様だ。日本人のあいだのスポーツとしては、相撲、剣道など伝統的なものはあったが、大衆的に成功したという点では野球の右にでるものはない。これらの指導者も東によってリスト化されている。

《第4のグループ》

日本語学校、これは全カナダ、くまなくよく組織されている。それだけ日本人家庭のニーズが高い。生徒はほぼカナダ生まれの二世、ときに三世である。学習熱心な日本人家庭の第一の塾だ。当然レベルはさまざま。また、雑多なオピニオンリーダーたち個人名も相当にピックアップされている。

だが、よく考えると、これらは本当に、『ニュー・カナディアン』やJCCLの拡大の目的だけに必要だったのか、日系エスニック・コミュニティに精通している梅月たち『日刊民衆』や「キャンプ・ミル労組」たちには既知のネットワークだったろう。だとすると、誰が必要としたものなのか。案外、日本の領事館だったのではないだろうかとも受けとれる。

そしてさらに不思議なことがある。東信夫の去就である。

これらのリストは『ニュー・カナディアン』の反古用紙の裏にタイプでかかれている。用紙節約などよくあることだが、その反古用紙に不思議なことがわかった。二種類のうち一種は、YPCC（青年キリスト教会議）実行委員長の肩書で東が自筆で署名した一九四一年十月三十日付けの呼び掛けだ。十一月八、九の両日、第七回会議が新YMCAビルで開かれること、この会議では過去にも議題となった二世の結婚問題が討論されること、既婚か否かにかかわらず是非参加して討論に参加せよ、というものだった。

ところがである。もう一種、一九四一年十一月二十一日付の文書がのこっている。東から今度は『ニュー・カナディアン』のステーショナリーをつかって関係者へ送ろうとしたものだ。だが、かれの自筆サインがない。

内容は、戦争など国際情勢がきな臭いが、クリスマスと元旦は祝いたい。そこで『ニュー・カナディアン』としても、恒例の特別号を発行するので、貴二世団体でも名刺広告の寄稿を願いたい。料金は一インチ一ドルである、というもの。

書簡の日付は、一九四一年十一月二十一日、その十七日後に日米がハワイなど各地で矛を交える。この東の書簡は『ニュー・カナディアン』の発行のために必要であったが、予定どおりに発送されたかどうかわからない。まず東の行動が今のところ不明だ。かれは開戦直前にカナダを離れたことになっている。日本行きの最後の日本の商船に、あわただしく乗船した事情はまだ詳らかでない。開戦で『日刊民衆』など全ての日本語刊行物はカナダ政府の命令で発行停止処分を受ける。だが、英語で発行している『ニュー・カナディアン』は別だった。

日米開戦、廃刊の予兆『日刊民衆』と同人たち

緊迫の強圧はカナダの日本人・日系人たちにもひしひしと伝わってきたが、どうすることも

できなかった。ただ『日刊民衆』『大陸日報』などの紙面の急旋回の記事に恐れおののくばかりであった。記事の国際ニュースはがらりと変わっていた。日本の国策通信社である「同盟通信」の記事で埋められていた。「同盟」ニュースは記事として整備され、充分に読むに耐える形式をもち、それに無料で配信され始めていたからどの新聞社も無線で傍受していた。だが、それは国策通信社としての「縛り」や金銭の裏付け、すなわち国家の意思を代表していた。

一面の主な記事はこうだ。

一九四一年十一月二十五日「中南支方面、荒鷲群の大暴れ。新拠点へ巨弾を雨注」、「防共協定記念日に伯林で列国会議」。十一月二十六日「独逸電撃隊が露都に十六哩」。十一月二十七日「日本の出方如何、華府会談・ハル長官米の趣意書提出」。十一月二十八日「将兵軍需品満載、日本の大輸送船団仏印へ」。十二月六日「決裂回避、天皇陛下にル大統領奏請」、「南部ソ連軍二百ケ村を奪還」、「カナダ陸軍も落下傘隊を編成計画」

この十二月六日(土)号が『日刊民衆』の最終号になった。翌日の日曜日は通常休刊日であり、この日(十二月七日)にパールハーバーで日本海軍機の雷撃がはじまった。日本流では十二月八日である。

この一連の『日刊民衆』記事を、ひと昔前の同紙と読み比べると大変な違いが読み取れる。まず、レイアウトの進歩だ。これは、「同盟通信」のニュース掲載とほぼ機を一にしている。機関紙として出発した『日刊民衆』だが、読者である組合員等のニュースへのニーズが広くなったのだ。本部の指示論文、支部や幹部の寄稿や、「パウエル街」等の日本町のこまごまとした雑文だけを掲載していては、暗転する日米関係を理解するには全く不足していた。

　日本政府としても、海外の日本人に国際情報、本土の空気をいち早く知らせる必要を感じ取り始めていた。そこで、国策のニュース通信社である「同盟通信社」を設立していた。無線の受信設備さえあれば、世界中、どこにいてもニュースを受信でき、新聞紙面に転載することが可能であった。日本語新聞は無線傍受係りの記者を配置した。記者の供給源も謎だ。

　しかし、『日刊民衆』は日本のプロパガンダその物ばかり、記事にしてはいない。入手可能な日本の日刊紙の記事や、アメリカ、カナダの商業通信社の記事も利用していた。二面以下は、従来どおりの「野暮くさい」編集と、寄稿記事や、大衆作家の作品の「盗載」で埋められていたが、すくなくとも一面は、なかなか垢ぬけている。プロの編集者の支援を感じるが、特定をいまはできない。

『日刊民衆』の記者たちの対応はどうであったのか。

　終刊を予兆する不安のなかで、実際上、戦争がどうあれカナダに残留を余儀なくされる日本人の相当部分の層の信条をしめす記事が目につく。

　一九四〇年ころから、『日刊民衆』でもカナダ国内の戦時色の記事がにわかに増大し、山間のキャンプや製材所で働く日本人にもただならぬ空気を感ぜずにはいられなかった。日加間を結ぶ汽船のほとんどは間引きされ、「龍田丸」がいつ最後の帰国船になるやもしれないというニュースで、女性などの帰国を急ぐ家庭もあらわれた。

　カナダ国家としても軍への人財の動員、物資の配給や統制令、物価・賃金の抑制政策が矢継ぎ早に打ち出されていた。晩市の近郊島嶼への渡船クルーの争議、ドア製作工場の争議、缶詰会社の就労者の賃金をめぐる動揺など中小企業の労資対立さえ一九四一年十一月には急遽、収められてゆく。カナダ国民が国際状況の急転を感じ取ったからにちがいなく、これらは組合新聞である『日刊民衆』を通じて日本人にも知らされていた。

日本人の不安を汲みとるように、梅月高市は一九四一年十二月一日の「論説」様のコラム「カナダの国策に副って」で以下要約のように書いている。

「日米の関係が緊迫していると伝えられる。カナダにいる日本人がいよいよ腰を落ち着けて、カナダを愛し、カナダへの忠誠を再宣言するのみならず、一歩をすすめて、カナダの国策に積極的に寄与貢献していることは、カナダ国民が感激しているところだ。

佛青、基青ともその大会において忠誠を再宣言した。古兵協会日本人支部はその総会において『日本人は帰化せると否とにかかわらず常に国法に従いカナダのために尽くす』とする声明決議を採択した。フレーザー・ヴァレー日本語学校教育会は『カナダへの忠誠を具現化、貯蓄債券購入その他の愛国運動に協力』をすることになった」

古兵協会というのは、カナダ市民またはカナダ在住国民としてカナダの海外戦争、好例が第一次世界大戦で出兵した兵士の協会で多数の日本人が戦死したことでも知られるように、日本人はその一支部を構成、カナダ国民の尊敬を集めていた。アメリカでいう「ヴェテラン」（退役軍人会）だ。日露戦争などに従軍した日本の在郷軍人会（カナダに移民した日本人にもそのグループはあった）とはべつである。

梅月の「論説」では、日本人団体のカナダへの支持の多数の動きを紹介しながら、キリスト教の「感謝」、佛教の「報恩」の思想に論拠を求め、カナダへの忠誠を説いたのである。この『日刊民衆』の姿勢は、アメリカにおける日本人・日系人の「日米対立するも米国への忠誠を示す」とした先行の運動に影響されていることが多いと考えられるが、「キャンプ・ミル労組」の長年の運動からして当然の帰結であった。

日加両国の国民のなかには当然、排外主義的な極端な意見の持ち主はいたし、とくにカナダの人種差別主義の白人は少なくなかったが、在加日本人の指導者の「郷にいらば郷に、カナダにいらばカナダに従え」という動向を知らぬ筈はなかった。それにもかかわらず、日米開戦は日本人を排斥、根絶やしにしようという政策が強行されることになる。永年築いた日本町、日本人コミュニティ、カナダ生まれの若者の努力や夢を踏みつぶす事態がやってくる。

第13章　日米間の緊迫に怯える日系コミュニティ

梅月記者の長期入院、困窮する家計、読者の支援の輪

一九四一年十二月七日（日本は八日）は日曜日であった。晩市（バンクーバー市）の日本町（パウエル街）の日本人・日系人はどのようにこの日を迎えたのか。日曜日のため、教会や寺院に出かけたのは比較的若い人たちだ、年配の日本人・日系人は日本国内の同世代の人たちと同様、のんびりした朝を迎えたはずだ。

知識層やホワイトカラー、晩市の都市住民はこの日の来る悪夢をおそれ、また予感していた。日本の側に立って、日本の言い分を丸呑みしている人氏は、ほとんど帰国したとおもう。

さて、わが梅月高市はどうだったか。青年・梅月も一九四一年には四十三歳を迎えていた。永年の激務や低い生活環境、経済的困難など積み重なり、三十歳を超える頃から、体力に変調をきたしていた。それが、日米開戦の直前にチブスに冒されたのである。九月十日から十一月十三日までの六十五日間、晩市郊外の市立ゼネラル病院に入院する憂き目にあう。チブスはカ

ナダでももちろん、法定伝染病である。

日ごろは、身辺雑事のことを日誌などに書き残す余裕のない梅月も二ヵ月以上におよぶ病院と自宅での加療生活から、例の『レコード』に事細かく入院経過や思索を記入している。もともと几帳面で記録好きだから、この開戦をはさむ十一月からの数カ月間の記録はまことに貴重である。長い入院を知って、晩市の上部団体であるＴＬＣ（労働組合会議）のＰ・ベンゴフ書記長は病院にまでお見舞い状をだしている。

梅月の『レコード』にはまず、入院中と退院後の友人、知人の見舞いが事細かく記録されている。周辺から信望が厚かっただけに驚くほど多勢の男女から、菊花、現金、菓子類を持参しての見舞いを受けている。その数は優に二百人にもなろうかと思われる。権力・権限を行使できる行政機関や大手企業人でもない一市井人にこれだけの見舞いがあるのは晩市でも珍しい。もちろん、移住先で差別や経済苦の同胞が一種の相互援助の習慣から日常、金銭・物品・役務のドネーションはみられるが、梅月の場合特別だったろう。

退院後かれは、その一人ひとりに丁重な礼状を発したと、これまた記録されている。その氏名を拾うと、『日刊民衆』の幹部は当然として、佐藤優、兵頭英一、吉田龍一、赤川牧師、清水牧師などの日本町の著名人の名や名もなき読者もみえる。二度、三度のひともある。「ローカル31」（キャンプミル労組）の取り巻きだけではない。

長期の入院生活は『日刊民衆』だけでなく、梅月個人にも底知れぬ打撃をあたえた。まず、個人。なによりも、経済的な打撃である。新聞社の編集長、組合の幹事といっても生活ぎりぎりの手当てである。それも遅配・欠配は常のこと。こども二人をかかえて、妻・千代は無収入同様になった。

組合は見るにみかねて、生活を支えようと、つぎのような決議をした。

「梅月氏は入院療養中でありますが、ご存知のとおり組合の事務、新聞の編集その他で極度の疲労も加わり、病気は予想外に長引きました。ほんの生活費だけで働いている梅月氏の療養中は家族の生活費はもちろん、一切の費用は組合に於いて全責任をもって支弁することになっています。わが組合の財政をもご配慮下さる方には本部評議員をはじめ有志の方々に訴えて見舞金を取りまとめたい」（要旨）

この決議はガリ版印刷にして急遽、組合員に配布された。組合以外でも動きが活発化した。オーシャン・フォールズに居住していた妻・千代の兄も長文の私信をよこし、家計が困窮しているだろうが、個人的な借金をしないこと、と釘をさし、自ら保有する百ドルの債券を同封し、銀行で換金するようにと、指示した。

退院後、自宅で静養していたが、『レコード』をみると、ひっきりなしに人々の来訪をうけている。病気の見舞いもあるが、日系コミュニティのなかの面倒な問題の相談や、友人の岩下今朝弘と夕刻までの長い雑談などもある。十一月末ともなれば、晩市も風がつめたく、寒かったが、人々は暖かかった。

十一月二十三日は日曜日だったが、「夜、婦人部例会の帰途、加藤、伊勢崎君ら来訪」とある。「ローカル31」の組合婦人部のことだ。共働きが普通なので仕事のない日曜日の夜が例会日だったが、その帰途、梅月のところへお見舞いと状況報告に訪れたのだ。この日、空はどんより雲がたれこめ、外気は寒かった。

二十六日には「ローカル３１１」（オーシャン・フォールズ）から見舞金二十ドルが届けられ、直ちに礼状とある。「３１１」は、前述のように梅月の「31」とは別の組合で、その創立には、梅月らが関与し、姉妹関係の組合だ。妻の兄もそこに働いていたが、組合幹部ではない。一九三九年賃上げをめぐって争議があり、『日刊民衆』は挙げて支援したばかりだった。

個人や団体からの見舞金は有り難かった。長期の入院経費の残額請求書（二百十九ドル七十セント）がすぐ来たからだ。不幸の際の見舞金は移民地の少数者にとって相互扶助の「結《ゆい》」のようなものである。だから梅月も見舞金と出費の出納簿をことこまかに記録していた。

梅月は病後の静養を自宅でしているはずなのだが、仲間たちは安静にさせてくれなかった。この二十六日の午後には幹部の宇都宮鹿之助がやってきて「３１１」の件で長時間打ち合せ。前記のオーシャン・フォールズの後始末があった。夕刻、問題解決のため、露木のコートを借りて、港湾局まで出向く。

二十七日も冷霧が酷かったが、千客万来、病院で検査すると体内の血液が七十％、造血剤を飲む始末。十二月一日には、『日刊民衆』社へ出勤してしまう。そのころ、梅月は日本町のパウエル街の東、マギル街に住んでいた。新聞社から二十ブロックほどあり、簡単に歩いてゆける距離ではない。パウエル街の『日刊民衆』社前まで市電はあった。自身の原稿、新年号の依頼原稿の整理、来客の応対とヤマほど仕事は待っていた。その間にも通院、医薬品や生活品の購入、防寒コートも買わねばならなかった。なにしろ入院した時は秋口であった。もともとコートを購入するするどころではない懐事情なのだ。

パウエル街は日本町として知られたが、中・低層ビルのならぶオフィスや商店などのいわば「日本」の展示町で、日本人・日系人はやや離れて住んでいた。ここは、北は波止場のならぶバラード湾、とCPR（カナダ太平洋鉄道）の駅や操車場、南は七、八ブロック離れてCNR（カナダ国鉄）の駅や車庫、倉庫群にはさまれた地域で、そのせまいエリアに日本人たちは基本的にアパートや借家の住居をもったわけだ。日本人の利用の多い市電（路面電車）はよく発達し、従業員は仕事に誇りをもち、組合は晩市最大の人員数で、梅月たちと会議で顔見知りの運転手もたくさんいた。

その間にも、「十二月八日」は一刻一刻とせまっていた。

開戦目前、怯える日本人コミュニティ

日本人はつつましい生業で家族の糊口をふさぎながら、日米交渉など状況をじっと見つめていた。

一九四一年六月、オーシャン・フォールズにいた内田一作は梅月にこんな手紙をよこした。この時期の日本人の平均的な思いだと考えるので引用してみたい。

「こちらも、とにかく働いている。更に愉快でない日々だが、これも所詮生ける日の試練と覚悟している。昨夜の新聞では、いよいよ時が近づいているようだ。兄は〈帰化人〉で

あるはずだが、どうなるかと心配している。とにかく、いよいよの秋だから、何時当分の別れになるか。くれぐれも身体を大切にして、お互いに再起の日を待つとしよう」（要約）

二人は長い間の友人、手紙だから書ける心情だろう。立場を考えると、互いに言葉に細心の注意を払わねばならぬ時期なのだ。

不安や情報不足が広がると流言飛語が飛び交うのは常のこと。デマもあれば、荒唐無稽の情報もある。これは、白人社会でも同様で、強力な日本海軍の艦艇がカナダ攻略のため晩市近海を遊弋している、といった虚言をまことしやかに流した白人もいた。

『日刊民衆』やその発行母体「ローカル31」には、規則上、定期総会、評議員会のほか実行委員会がある。活動家会議のような性格で、いずれも総会で選挙等により選出されるものだ。婦人部、年少部、「民衆応援団」というのもある。「応援団」は「ローカル３１１」のように、「31」に加入していないが、カンパなどで『日刊民衆』に資金協力している団体や個人でその金額は馬鹿にならない。

一九四一年度の総会が恒例の一月に「民衆ホール」で開催されたが、前年度の各種の会議の回数を報告している。「ローカル31」も「民衆ホール」などとよぶ会議室をもつまでになっていた。

定期総会　　　　　一回
定期評議員会　　　十二回

臨時評議員会　　　二回
役員互選会　　　　一回
実行委員会　　　二十五回
　合　計　　　四十一回

このほか、組合創立二十周年記念茶話会、家族懇親のピクニック、オーシャン・フォールズ・パルプ製紙工の団体交渉代表団の晩市来訪の慰労会、鈴木悦&御手洗喜三郎追悼会、帰国する元幹部の送別会等、いやはや労組というものは「お役所同様」に会議漬けで忙しいものである。このほか、各支部の会議や上部団体の会議への幹部派遣、膨大な日常業務だ。

一九四一年の定期総会、じつは「ローカル31」の最後の総会だったのだが、この時点、だれもそれと知る由もない。もっとも組合活動が爛熟し、「戦争景気」で労働者の仕事や賃金も満たされていた時期であったが。賃金差別、就業機会不均等の壁、各種ライセンスの閉ざされた門、市民権拒絶の深い堀など依然なにも解決していなかったにせよ、である。

日常業務のなかには、無料労働紹介、領事館を通じて日本政府に提出する各種届け出の代行、カナダの公的機関に提出する老齢年金、母子手当の下付願書、労災・失業保険等の書式の代行を年間四四五通、通弁（通訳）交渉二三五回、文書の発信四三八三、受信三八六九、来客応対など組合員の相談事などなどが入り込む。

移民労働者の「求道者」となる一群の指導者

これを唯一専従の梅月だけでは消化できない。自然、晩市周辺に居住する半プロ、フリーター、引退の幹部が応援しなければならなかった。最後の総会選出の役員ものせておこう（カッコ内は出身県。不明もある）。これからの三、四十年間もふくめ、梅月らほとんどが、カナダに残ることになる日本人・日系人の安全と生活、権利、正義のために無報酬で全力を投入する移民労働者のための「求道者」の人たちだから。

組合長　佐田種次（福岡県）
第一副組合長　神野専（福島県）
第二副組合長　松下一郎（鳥取県）
幹事　梅月高市（福岡県）
会計　井上喜十郎（神奈川県）
営業部、労働紹介部、取次部主任　亀岡徳衛（福島県）
編成主任　益田徳平（熊本県）
監査役　佐久間太重（福島県）、岩下今朝弘（熊本県）
実行委員　佐田、神野、松下、井上、梅月、亀岡、益田、露木正夫（鳥取県）、藤本周太郎
労働会議出席代表　梅月、亀岡、佐久本盛矩（沖縄県）、吉田忠次郎（神奈川県）
晩市日本人ウエルフェア協会への代表　梅月

恩賜記念済生会への代表　梅月

このリストを一覧すると、日常的な会議や業務への参加の可能性を考えて、遠方の現場の支部に張り付いている二瓶、内田、沖広といった梅月の右腕になる指導者は名をつらねていない。人事がきわめて透明性をもって民主的に配分されていたことがわかるが、それ以上にいかに梅月の負担が大きいことかもしれる。人事で対立することは、ほとんどなかった。理由は誰も、梅月の無私、労働者の利益優先の活動をとってかわれる人はいなかったからだ。もちろん、梅月より経験も、知識も、技術も上の幹部もいたが、経理を手ほどきしたり、編集を教えたり、組織運営を助言したり、だまって支援した。また、佐田、佐久間、沖広らのような人物は、組合運営で強い反対意見のひとが出ると、だまって身をひき現場にもどった。何年かしてまたその「親分肌」を買われて、幹部に押されると、引き受けた。みなが、この移民地カナダでの内輪もめの芽を造らないように気を配ったのだ。

「帰化」した梅月の入院で緊急事態

カナダの日本人社会で、その立場や仕事をこえて梅月高市ほど日本人・日系人から頼りにされたジャーナリストも少ない。日系コミュニティのネットワークで永い間働いたこと、『日刊民衆』の発禁になるまで、ほとんど二十年以上を記者として活動した。カナダ政府とも組合幹事として、「晩市労働会議」にもパイプをもった。「独立労働党」その後継「ＣＣＦ（カナダ協同党とも書いた）」の党員として有力な議員とツーカーである。その梅月、率先してカナダ国籍をとった。

だから、かれの情報、判断、決断力を日本人はいつも見守っていたのだ。それが、「十二月八日」も迫った秋、長期の入院となったのである。

入院直前の八月、「ローカル31」は定期評議員会を開いた。そこで、梅月は状況分析の報告をしている。組合用語なので生硬だが、大事な内容で、一千余の組合員とその数倍の家族、数千の働く日本人はその報告路線を日常生活の基本にすえた。

「カナダの戦争遂行の関しては、カナダに生活しているものは、この国における当然の義務をはたしつつ、正当なる権利を要求する。とくに戦時体制下において、慎重なる行動を要望する。かりそめにもカナダの国防法に違反することなきよう、各自が自戒し同胞一般にたいしても趣旨を諒解するよう要望する」(要旨)

国際情勢のいかんを問わず、冷静に自重し、善良なるカナダ居住民として「どこまでも、この国を本拠に、カナダ人とのよき善隣を」と口が酸っぱくなるほど、この会議でも強調された。カナダに住む日本人にとって、「十二月八日」が迫るなかでこのように生きる選択肢以外に道があったろうか。

『日刊民衆』社は梅月入院でとんだことになった。一九四一年九月十一日号は、「読者にお詫び」として、病気をおして出社していたが、医師の強い意向で入院、「篤志家の援助で編集部員はじめ各部一致協力して発行を維持」しているが、発行が遅れることも、と短い記事をのせた。

新聞は発行され続けてきたが、「愛読者」のいる梅月のコラムは休載、記事もまるで組合の決定集、委員会等の議事や記録、報告が占めた。やっと十一月十三日号で「梅月、本日退院。来年度の新年特別号も発行することに。例年通り祝賀広告、寄稿もお願いする」と公示した。組合員の拡大も引き続きする、と益田編成主任がオカナガンへ出張した、とも伝えている。編成主任というのは現在の「組織部長」といったところか。

交通の不便な地方とは、緊密さを保つのは大変であった。専従幹部が常に足をむけた。バンクーバー島の諸支部は梅月の担当、オカナガンは益田の担当が好例だ。人間関係ももともとよりあってのことだ。

日本人の集積地で支部のないのが、スチーブストン（漁業）、プリンス・ルパート（缶詰）、ミッション（農業）など、スチーブストンには独立の日本人漁師の組合、プリンス・ルパートには白人の缶詰工組合があり、日本人はそこに加入していた。オカナガンはもともと木材・製材・パルプ工場にいた労働者が永住のため帰農したもので、その縁で「ローカル31」の支部になっていたが、広大な農業地帯で未組織の農業者が多かった。そのほか、日本人・日系人は、内航汽船の下級船員、鉱山の坑内夫、鉄道の保線夫、ホテルのクラーク、小売店の店員など、白人の組合にそれぞれ個別に加入している。

永住のため帰農、商工業に転職傾向が強まる

一九三八年の加奈陀日本人会が行った「加奈陀在留邦人調査表」というガリ版ずりの貴重な

資料がある。その調査対象は二万二八四〇人、男子が三千人余多い。結婚の機会がなかったのだ。この単身者や欠損家族形態は戦後もしばらく引きずる。このうち、カナダ生まれ、すなわち二世が一万三一四三人、全体の五七・五%、帰化人二三一六人。問題は六十歳以上の老齢者だ。この一九三八年の時点で、なんと八八一人という数字だ。三・九%だ。

こんなデータもある。

「邦人繁殖の最高年――一九二九年の出生者（本年満九歳のもの）六三〇人」「爾来漸減――一九三七年度の出生者（本年満一歳未満）四六〇人」

「調査表」の表現の仕方も面白いが、数字も興味深い。こまかい数字の引用はこれ以上避けるがつぎのことはいえる。一世は新しい補充が禁止されているので、自然減（死去）や社会減（帰国）などで減少気味だが、二世以降は着実に増えている。自然増のみである。

そして一世も二世も次第に高齢になってゆく。一九四一年という時点では二世の高齢化はそれほど考慮するに値しないかもしれない。だが六十歳以上の一世の高齢者のことは焦眉の問題だ。

山林や僻地で重労働に就いていた一世も、家族をもったり、子供たちが成長したり、単身のままでも高齢化してくると、ヤマや島嶼、北方の漁場をはなれ晩市に移ってくる。これは、すべての移民集団に共通する。都市へ移ってカナダに「同化」できている移民、パイオニアの移民がすでに大きな都市市民になっている移民の場合、そこで迎え入れるシステムがエスニック集団ごとに出来上がっている。

一九四〇年代でいえば、東欧、南欧、アジア、中国、の移民集団にはそれぞれの程度、当てはまるかも知れないが日本人はそこまで達していなかった。梅月やその一党の仲間が、生涯をかけて日本人の老人や病人を介護するさまざまの施設やシステムを建設することになるが、それは戦争も終わってトロントに流れ着いたずっとあとの話である。

さて、一九四〇年前後の日本人一世の森の男たち。ヤマを降りて晩市に移動したあとも、庭師、家事、店員、工員など就業できたのは好運なグループ、またかって日本を出たときのように、農業を志向したものも少なくない。

梅月自身、晩市の東方、ミッションで百姓をしていた。晩市はカナダの西端だから、農業をするとなるとサイモン・フレーザー河の上流の平坦な土地ということになる。ミッション、ポート・ヘネー、チルワック、ホープと日本人は畑を求めて東進する。その東、オカナガン湖の周辺は土地が広く、肥えているうえに、米国市場へは国境を越えて百キロ内外、まことに魅力的な大地であった。

これは、日本人にたいしてだけではない。オカナガン平原の中心都市ケローナの人口は一九〇五年には僅か六〇〇人であったものが、一九四〇年には五二〇〇人に達した（現在はＢＣ州で第三位の約一九万人）。ここに日本人も続々と農業に手をつけ、「ローカル31」のメンバーも相当数はいっていた。「ローカル31、オカナガン支部」の誕生である。

ＢＣ（ブリティッシュ・コロンビア）州は、東はアルバータ州との州境を形成する巨大なカナディアン・ロッキー山脈と西は海岸山脈につづく高地とのあいだの平地で形成している、と思えばよい。西海岸の高地といっても四千メートル級の山岳もある。したがって、その間にひろがる平野には、フレーサー河、コロンビア河と、南北に流路をもつ大小の河川と、無数の湖沼が横たわる。

オカナガン湖は南北百キロ、その南流する河身は国境をこえ、米国ワシントン州を経由して太平洋へ注ぐ。日本人はこの湖の周辺、カムループス、バーノン、オカナガン・センター、ケローナといった町や村に果樹や野菜農園を開拓してきた。農民も、農業労働者もいたが、カナダの法律で日本人は土地所有が許されなかったから、永住志向をもつものの不安定であった。それでも日本人は子供の世代に希望をいだいて必死で教育し、優れた二世をそだてた。

カナダにとって、自然の地形は山岳、河川、湖沼が南北に走っていたから、東西の鉄道、道路、橋梁を建設することが、つねに課題で、オカナガン湖も湖の真ん中を横切る橋ができるたびに経済的発展が約束された。ここでの大半の組合員は集中して職場をもつ製材工場やパルプ製紙プラントとことなり、広い湖の周辺のため『日刊民衆』のネットが存外つよい絆になっていること、他の支部にない「信用組合部」で営農融資もおこなっていることだ。大規模農業の構築へむけて、農機具、農業施設、トラックなどへの投資のためで、二世に引き継ぐケースが多い。益田はこの地域へ「オルグ」と読者拡大のために出掛けていたことは、前に述べた。

さて、「十二月八日」当日。真珠湾攻撃の日米開戦の突発ニュースをパウエル街日本町、『日刊民衆』社、各地の日本人キャンプ、日本人の家庭、梅月や幹部個人はどのような衝撃で迎えたのであろうか。

第14章 『日刊民衆』に発行禁止命令、ひとつの時代終焉

「十二月八日」の勃発とカナダの日本人

一九四一年十二月八日（西半球では七日）の空は日米とも、概ね晴れていた。そしてこの日がとうとうやってきた。日本海軍の真珠湾奇襲である。わが、梅月高市は七十数日間のチフスでの病院生活から、開放されて帰宅、十二月一日に久しぶりに『日刊民衆』のオフィスに出社したばかりであった。編集長不在ながら仲間たちは必死で新聞作りに携わり、どうにか印刷はしていた。

『日刊民衆』はしかし、発行部数が一千部程度のミニ新聞社、それも購読料と広告代金を徴収していたものの、基本的に「キャンプ・ミル労組ローカル31」の機関紙、梅月が新聞の編集、経営から組合の書記長、その他諸々の雑事をこなし、孤軍奮闘していたから、かれが長期にいないとなると大変である。よくぞ、新聞社も組合も解体せずに存続したものである。

もっとも、梅月の入院が原因でなく、戦争により、その1週間後には新聞は発行禁止、組合

は解体となってしまうから、皮肉である。梅月の業務日誌様の『レコード』を開くと、十二月二日から早速、千客万来、溜まっていた郵便の開封と返信に追われる。この日の最後に「足に多少　力つきたる如し。朝方背中（腰の上部）痛くて閉口す」とある。三日には、州労働部の紹介でモントリオールの法律顧問ジェンクスの訪問をうける。

四日は雪化粧。冬が足早に晩市に近づいていた。この日は家庭菜園の畑と自宅の地下室を整理。カナダでは建物はだいたい地下室を設けていた。暖房機器は地下室に設置、省エネのためだ。どうやら、この数日は入院中の遅れを挽回すべく、冬支度の家庭サービスを社務のあいだにしたようである。

日本空軍ハワイ襲撃の前日、当日、翌日の慌ただしい、緊迫した様子が日誌にも見られる。梅月は日誌で「日曜日に奇襲するところヒトラーのやり口と似て不愉快」と当初から批判的だったが、一部には心の中で「痛快」と叫んだ日本人がいなかったわけではない。大半の日本人は自失茫然とする以外なかっただろう。翌月曜日にはカナダ政府は瞬時を置かず『日刊民衆』の発行停止処分を通知した。『大陸日報』『加奈陀新報』とともに、晩市から、一斉に日本語新聞が姿を消すことになる。

政府は即日、灯火管制、外出制限、主要な日本人指導者の抑留と矢継ぎ早に戦時体制をひきはじめた。梅月は用心深く、同志、友人と情報交換をしながら、外出したが、同時にアフターケアで病院にもゆかねばならなかった。

「ローカル31」の上部機関であるTLC（晩市地方労組会議）の担当も梅月なので、十二月十六日に四ヵ月ぶりに会議に出席した。戦争という事態のなかで労働者同士、どう受け止めているのかを知りたかったのだ。他の白人労組幹部、とりたてて悪感情はなかったようで、梅月は多いに安堵した。翌十七日にはつぎのように記している。

「ヘイスティング・スクールのパブリック・コンサートへ雨の中を午後出席、日白児童が列んで歌うのを見て目頭が熱くなる。そこには戦争のセの字もない、人間は本来かくあると思う」

梅月は連日、日本人の仲間や白人の幹部と情報を交換し、意見をのべあった。新聞は発禁になっていたが、状況を正確に取材しておくことは、ジャーナリストの使命だった。カナダ国会の大立者のマックリーン夫妻、その他との友情の絆を維持することに時間をかけたことは、その後の日本人・日系人への乱暴な強制収容にあたって支援を得ることにおおきな意味をもった。日本人には、かれらしか頼りになるもののいない孤立無援の時期だったのだ。

晩市での最後のクリスマスとなる十二月末までは、日本人・日系人の多数は、ともあれ静かに自宅やコミュニティで過ごすことができた。ただし、海岸や離島ではやや事情はちがっていた。政府や一部の白人がありもしない日本海軍と通じることを恐れたのである。また工場やプラントから解雇されはじめた日本人は途方にくれていた。

開戦を口実に漁者の生活奪う

もっともドラスティックに無辜の日本人に襲いかかった職場は漁業であった。もともと鮭の好漁場として知られたフレーザー河や西海岸だけに漁場をめぐって漁業権の争いは激しかった。白人は日本人の漁業ライセンスを認めないかたちで、行政と一体となって攻勢していたが、開戦は一挙にこれをとりあげる絶好のチャンスだった。開戦四日後には、カナダ海軍は、およそ二十ヵ所ほどの漁港にあった千三百艘の日本人漁船を突如押収、千八百人の漁業ライセンスをあっという間に取り上げてしまった。

ＢＣ州の北端にちかいプリンス・ルパートからの漁船押収は、乱暴極まりないものとして語りつがれている。海軍の委嘱した大型の曳き船や艦艇が小型の日本漁船を何十隻も数珠つなぎにしてフレーザー河の河口の集約港アナシスまで、三日三晩引きずるようにして集めた。屋根のない小型漁船で十二月末の北の荒海を引き回されて、各漁船に乗った漁夫はずぶ濡れで死ぬ思いのなか、船底にしがみつくしかなかった。これなど、漁場争いで嵩じた日ごろの白人漁夫のねたみや憎しみを海軍が体現したと批判されてもやむをえなかった。

漁港のなかには和歌山県三尾村の漁師が築いたので知られるスティブストンの日本町もあった。ここには、漁者の組合もあって、梅月の『日刊民衆』や「ローカル31」と友好関係にあったが、パウエル街とスティブストンの距離は近くはなく、加えて戦時のため、充分な情報交換もできなかった。

漁船ほど乱暴には見えなかったが次々に規制措置が発動された。それを、白人の英字紙で追うと……。

十二月十日　パウエル街の全日系商店は消灯する。パウエル街三〇〇番地の「日本倶楽部」で開催予定の社会福祉関連の会議キャンセル、これは僅か三十人の代表が参加するものだったが、中止になった。二世ボウリング競技も中止、ホテル雇用の日本人バスボーイの解雇、庭職人の作業中止。

十二月十一日　児童のための全カナダの五十九校の日本語学校・教室の禁止、違反には父兄は初犯で五十ドル、再犯で百ドルの過料。全日本人・日系人は写真・指紋つきの身分証明書を毎日携帯のこと、

十二月十二日、全日本人と帰化日系人は翌年二月七日までに登録すること。これらは、RCMPと略される国家（ロイヤル・カナダ）騎馬（マウント）警察の手ですすめられた。騎馬警察というのは、一八六〇年代に生まれたカナダ独特の国家警察で国家意識がつよく、装備、訓練、士気も優秀で膨大な権力をもっている。現在もその伝統を誇る。

クリスマス前までに全日本人の所有する自動車、無線ラジオ、カメラを処分、提出することが命令され、行政のなかでは西海岸から百マイル以内の居住や立ち入りを禁止するための準備が着々と進んでいた。梅月らは新聞を取り上げられ、対応や情報伝達に手も足もでない状況におかれた。英字ジャーナリズムはヒステリックに反日感情を煽っていた。

国家間の戦争のとばっちりを国民が受けるというのはこういうものかもしれない。

この時期、大変残念なことは、事態を掌握し、紙面で報じて政治にブレーキをかける『日刊民衆』のような日本語新聞が発行禁止になっていたことである。生まれたばかりの英字紙『ニュー・カナディアン』には、その力はなかったし、紙面は当局の厳重な監視下におかれていた。

わずかに、白人社会の既存の新聞ジャーナリズムが政府の施策や、白人世論を、それも差別と敵意で代弁しただけである。収入の道を閉ざされ、自宅での待機を申し渡された日本人・日系人は事態の推移をじっと見つめているしかなかった。ことに、日本人がまばらにしか就業、生活していない西海岸や離島の町ではどれほど恐怖と不安の毎日をすごしたであろうか。

生活に困窮した日本人漁者の漁船群を横取りする禿鷹のように待っていたのは白人漁業者たちである。政府の後押しで二束三文で手に入れた。この辺りは、私の友人である新保満の著書『カナダ移民排斥史——日本の漁業移民——』（未来社）の叙述がある。晩市から離れた離島などのキャンプの日本人はどうであったろうか。

一九四一年（昭和十六年）、晩市日本人の年末

この物語の主人公・梅月高市は、一年をふりかえり日誌（『レコード』）のなかで、十二月三十一日に静かに次のように記入している。

「寒気は続き、今朝は十六度（華氏）にまで下がって一九三七年以来のレコードをもって一九四一年は終わる。夜は相変わらずの月の冴え。

九月以来の病床に続いて日米英開戦で新聞の発行停止となり、四か月続きの休みとなったようなもの。身体は大部肥えたが、まだだるい。春になったらというのだから、まだまだオイソレとは本式の体になれない。何をするにも大して気乗りがせぬという有様、身体の工合いと四囲の情勢が一緒になって斯うした気持ちをつくるのだろう。

一九四一年は斯うして曇りのうちに終わるが、何事もよき方に解釈してという建前で、

今夜の月光や日中の陽光の如くに明るい朗らかな一九四二年の新年を活きるべく希望を持とう」（全文だが、現代に理解できるよう一部加筆）

これを一読すると、個人の日誌というより、他人に読ませるアピールにもみえる。たぶん、『日刊民衆』を取り上げられ、いつものコラムを執筆している心境だったのではないだろうか。斯ういうときには、マス・メディアよりも個人の絆、組織やコミュニティのネットワークのほうが頼りになる。

パウエル街の日本人たちは頻繁に訪問し、集まった。集まったといっても公式の集会は制限されていたし、時が時だけに不要な誤解をＲＣＭＰ（国家警察）にあたえる心配もある。梅月たちは、労働組合のネットを通じて情報収集や分析をおこなった。

一九四二年元旦の日誌に梅月は書いている。「暮れからふいた寒気は今朝一段と酷しかった。終日家にいて、午前中は火の側を離れ得なかったぐらいである。夕刻富岡君来宅、夕食を共にする。新聞のことにつき語り合う」。

かれは、「ローカル31」の活動的メンバーではないらしく、普通の日本人労働者であろう。リーダーの意見を知りたかったようだ。一月四日まではほとんどなにもしていない。日本に倣って「正月休み」然、五日に『日刊民衆』社へ出向くも、「寒くて仕事にならず」だったが、夜、ＣＣＦ（カナダ協同党）のターナー委員長から電話、翌日の会談を約束する。白人全てが日本人排斥のヒステリーであったわけではなかった。

かくて、カナダの日本人・日系人の家庭やコミュニティでも歳が明けた。

梅月は病気明けの身ではあったが、白人指導者とのパイプで重要な人物とみられていた。これは、「裸」同然の日本人コミュニティにとって極めて重要なルートであった。

一月六日、梅月はＣＣＦのターナー委員長、ウィンチ党首とＣＣＦの本部で会い、政府（領、州）政府の方針について懇談している。夜はＴＬＣの例会に出席、ここでは漁者問題が報告されている。頻繁な白人との接触は、その後の全日本人の晩市等からの強制排除や、強制収容所への分散収用の時期、とても意味をもってくる。日誌をみると、七日には大雪、深々と寒さがふりかかるが「朝中は雪除け、午後出社するも石炭がなく、寒くて仕事できず」、それでも分時を刻むように関係者と接触した。石炭を購入する余裕もなかったのか。幹部でもない組合員が「来社、療養費として四十ドルを持参、有り難き限り、これでDrと病院に少し支払い」と。

十一日の日曜日は体力回復のためとして、海釣りへ。梅月の釣り好きは有名だが、食料確保と世間の観察もあったろう。

リトル・トウキョウの困惑、住民の生活苦

パウエル街は日本文化のショウウィンドウであったが、同時に晩市の日本人の日常物資、金融、情報交換等のセンターであった。白人にももちろん窓をひらいていた。その白人もパウエル街でものを買わなくなった。新保満の大著『石をもて追わるるごとく』（一九七五年、オンタリオ、大陸時報社）は「警官をのぞいてリトル・トウキョウにくる白人は絶無になった。リトル・トウキョウの経済的活動は空気の抜けた風船のように委縮した」と書く。

ところで、「リトル・トウキョウ」という用語法について一言ふれておきたい。これは、晩市にあるチャイナタウン、ギリシャ人コミュニティ、インド人街などと同様、もちろん正式の地番地名ではない。通称である。通称名も歴史的な存在であって、歴史に左右される。地図からも浮かび上がったり、消却したりする。

パウエル街を現在、「リトル・トウキョウ」とよぶ人はすくない。戦争で抹殺され、戦時中、晩市の商工業の人員不足で、日本人が去って家屋にすみついた新しい労働力、先住民、黒人、アジアや東欧からの移民が主役になった時期がある。戦争がおわってカナダ各地に追われていた日本人・日系人の一部や戦後新しくカナダへ移住した若い日本人が徐々にパウエル街に再結集したが、昔日の面影はもはやない。

したがって、戦後、パウエル街を「リトル・トウキョウ」、「日本町」とよぶことは見られなくなった。もうひとつは、日本の敗戦にともなうある種の「遠慮」があるのかもしれない。それに、「ニッケイ」とよばれるコミュニティが地理的にも、階層的にも、機能的にもずいぶん拡散した。

しかし戦前までは「リトル・トウキョウ」とよんでいた記録がかなりある。一九四二年はじめまでの英字新聞をチェックすると、各所で「リトル・トウキョウ」「日本人町」等の記述がある。ただ、時期が時期だけに、好意的とばかり言えないことには注意が必要だ。

パウエル街のなかでさえ日本人は収入の道を閉ざされて生活に困窮し始めたのだから、僻地や島嶼では目も当てられなかったろう。

晩市北方の世界最大級の紙パルプ・プラントのオーシャン・フォールズではどうだったろうか。現在も米系資本のジョージア・パシフィック会社の所有地で、ひと昔前は紙やパルプを日本へも輸出していた。一九四〇年代には四千人からの労働者が働く「カンパニー・タウン」で、会社の汽船か小型航空機でないとゆくのが難しい。自前のダム、巨大埠頭、工場、社宅、商店、学校、教会と「町」に必要なものをなんでも揃えた。

会社はそれだけの資本を投じたのである。ここに、白人と日本人が手を組んだ労組が生まれ、労働条件の改善を求めたとき、資本は頑強に抵抗した理由がある。労資交渉はたびたび先鋭化し、長引いた。交渉は現地でなく、晩市の企業役員のところで実施されたため、日本人の代表団は一日以上かけて会社の汽船で出晩することになる。

日本人労働者は国際紙パルプ工労組の支部を構成したが、日本人は言語の関係で「ローカル311」を名乗った。梅月らの「ローカル31」の弟分という意味も込められていた。幹部のひとりは、梅月の生涯の友、内田一作である。「ローカル311」のメンバーは『日刊民衆』を事実上、自分たちの新聞に位置付け、物心両面で強力な支援をしてきた。

一九四二年二月二日、内田は梅月あてに要旨、以下のような手紙をおくっている。

「当地の近況、将に超非常時大暴風の押し寄せた如く。而も〈人力〉のちからでは如何とも致し方ない有様。過日会社側より（日本人ボス）大関（直幸）氏を通じて、通達がなされた。

△一世は政府の命令到着次第退去してもらう。その際、家族は同伴すること。

△帰化人および二世はこの限りではない。但し、帰化人と二世は、如何なる理由によるとも、当地を一旦退去した場合は絶対に帰還を許さない。
そこで、この一、二週間前から全体的な日本人と白人入れ替えがおこっている。既に、若干は白人に仕事を譲り渡して、スペア・ギャングに編入されています。このことに関しては、二世も蜂の頭もない如く。二世と帰化人は助かるかとみえたが、今日ではこれも絶望にちかい。

それで、日本人タウンはいまるでオークション・セールスの市場のようで、ピアノからラジオ、その他諸道具を売り払っている。日本人の全部は近々この地にいなくなるという空気が支配してしまっている。」

オーシャン・フォールズの巨大な敷地は中央に大洋から切り込むように入る運河があり、運河の南側は製紙・パルプのプラント、その奥にダムからの水をひいて発電所があった。運河には外洋船が接岸して製品を積み出せた。運河の北側のゆるやかなスロープが従業員の居住区、西端が日本人、つぎに中国人の単身者用のアパート、スロープを上がるように所帯持ちの住宅、学校など、東端に白人用住宅とわかれる。食事はメスホール式のものが、言語、人種ごとに隣接、「ローカル３１１」の集会もこの日本人用の食堂が使われた。自然、「日本人タウン」が形成されたようだ。

日本人が住んでいたあたりは、現在は廃墟で、わずかに白人地区に近いあたりに、晩市からの社用通船等の船着き場にされ、マーチン・ホテルが立てられ観光客の便に供されている。

白人の組合はどうなのか。内田の手紙によれば、日本人の追い落としに、賛成の決議をしている。その他、姑息なことかずかず。「どの道、日本人は出てゆくにしても、今日のような空気の中、白人たちの名誉にならぬ」と。戦争となると、いつでも海外に住む日本人、日系人はひどい目にあう。

同じころ、「ローカル３１１」の二瓶熊吉からのものと思われる長文の近況がのこっている。こちらは、署名が見失われているが、文章から二瓶のもののようだ。内容はだいたい内田と同様だが、この時期、二瓶は「ローカル３１１」の日本人支部の役員をしていて非常に正確だ。

この白人の会社や組合のやり方は現地の考えでなく、サンフランシスコの本社や上級機関の国際組合の指令のようだ、と内田はかんがえている。米国社会のほうがはるかに人種差別的だったからだ。

内田の職場では、始まっていないが、いずれ労働者の入れ替えがすすむと予測している。ここは熟練度が求められる二十四時間操業の「装置産業」だから、伐採キャンプと異なり技術者を育てている。日本人も相当数技術者として登用され、雇用は長期で安定していたのだ。

米国・カナダともに、日本人の「放逐」に狙いをさだめていた。それは、一人ひとりの個人がどのような思想、信条、行動をとるかで、評価する民主主義の原理でなく、その「血」、祖先がどこから来たのかというヒトラーの人種主義、日本の極端なナショナリズムとかわらない物差しで測るものであった。それをどのように「スマート」にことを運ぶかが米加の為政者の思案であった。そのチャンスは、日本人の生活の困窮のなかに見出したのである。

第15章 全日本人、生業から追放、「ローカル31」の整理

生活困窮の日本人で道路建設

すべての職場から追放された日本人は明日の米櫃のことに困りはてていた。これは政府の思う壺である。それは、戦争で必要になった作業に日本人を動員することだった。『ザ・サン』紙は一九四二年一月二日の社説ではやくも「BC州西海岸の日本人二万四千人のうち十六歳以上の男子は六千人、かれらの多数はカナダへの忠誠は疑いないが、道路建設に動員するのはどうか」と提案している。もうひとつの英字新聞『デイリープロビンス』も翌三日の社説で五八二四人の日本人の血をひく男たちの動員問題にふれているので、これらのニュースは政府からのリークであることは間違いない。

政府は新聞にリークしながら日本人労働力を使用する労働キャンプの建設計画をいそがせていた。リークの新聞報道は日本人にも心の準備を進めさせるためでもある。英語の不自由な一世には家族や友人が記事を要約して伝えた。

梅月は新年早々、釣りに出かけた。これも鈴木悦の影響か、釣り好きは嵩じていて、その後もウォルトンの『釣魚大全』など新版がでるたびに購入している。新年の釣りは長期の入院で足腰が弱っているのを回復すること、日本人が海岸を歩き回るのは警戒されるため、釣り道具をもって世情を観察することだった。

足腰のほうは確かめられたので三日からパウエル街を歩き回りだす。日誌をみると、約十日間、誰彼となく会い、情報を交換し、状況分析に余念がなかった。一月十五日にはこんな一節がある。

「宇都宮（鹿之助）氏来訪、夜半近くまで雑談。戦争を契機として日本人社会が急転回すること、日本語新聞の処分も一世をデモクラシーへ訓練することを最後の使命として終わりになるであろうことなど語りあった」

ふたりの聡明な見通しに今となっては驚くが、こうした『日刊民衆』幹部の冷静な判断力がメディアも集会も取り上げられてしまっている日系コミュニティの人々に安心感を与えていた。この間にも、カナダ政府の「日本人処理」の具体策は徐々に固まっていった。この「処理」には、複雑な議論があったが、結局、戦時の労働力不足を補う形がまずとられた。戦争捕虜とはちがい「労働力」だから国際法の対象ではなく、国内政策で、日本でいう「勤労動員」や「徴用工」としての利用である。しかし敵国の血をひくものとして銃剣のもとに管理された。かくて「エヴァーケイション」（大移動）とよぶ日本人の沿岸から内陸部への強制移動がはじまる。それも、最初労働力の必要地への組織的投入として始まった。

かくて三月初めまでには、ＢＣ州東部の未完成の国道建設のキャンプに順次送られることになる。道路建設現場にそって成人男子のキャンプ（宿泊、食堂を伴う）が続々と建設される。

梅月たち『日刊民衆』のスタッフは何をしていたか。かれらは発行禁止にはなったが『日刊民衆』の再発行の努力をしていた。一月二十六日、ベンゴフその他白人の指導者を訪ねている。二十七日にはＲＣＭＰ（国家警察）に赴き責任者のバーナー部長に再発行の件を尋ねているが、オタワ（政府）に照会中という返事。梅月らにとって『日刊民衆』がカナダの国法で禁止される謂われはないと信じていたのだ。

この日、「民衆に帰って掃除などして大いに働こうと思う。夕刻竹井（清水＝きよみ）君来たり、高岡君と夕食にゆく」と再発行の心待ち。竹井も福岡県人、オーシャン・フォールズのアクチブだ。やはり『日刊民衆』が情報交差の核で、二世の竹井ら千客まみえて、日系コミュニティの人々の動向が梅月に集められた。

英字新聞のなかには、「在留日本人・日系人のなかに日本軍部の〈第五列〉（破壊分子）二百人がいる」などと根も葉もないデマを書くところもあり、日本人の遵法生活を政府や世論に訴えて反撃する手段のないことをくやしがった。だが、梅月らは手を拱いてばかりいられなかった。梅月はマキネス議員たちにせっせと手紙を書き、政府機関や民間機関に電話して人道的な扱いを求めた。二月三日の地方労働会議にも欠かさず出席している。マキニスには、この「生活状態が二ヵ月も続いてやりきれぬ」と日本人の窮状を訴えた。白人社会では、ＣＣＦ（協同党）や地方労働会議の幹部、それに友誼のあったＩＷＡ（ウッドワーカー組合）などが頼りであった。

「ローカル31」の慌ただしくも誠実な残務処理

キャンプミル労組31支部としてはどう対処しようとしたであろうか。『日刊民衆』業務と労組の議事録原本が一九四一年一月から五月二十九日までの分だけ残存している。戦前最後の燭光を見る思いだ。そしてこれが公式の議事録の最後である。

実はこの期間、31支部のもっとも爛熟した満ち足りた活動期間であった。またこの議事録をみると実り多い諸活動が豊かに盛り込まれている。定例総会は一月なので第二十二回総会（一九四一年一月二十九日）の議案、『日刊民衆』の主要記事のクリッピング、諸機関との往信書簡などみっちり添付されていて貴重である。第二十三回総会は太平洋戦争の勃発で開かれなかったので、最後の一年間であった。この議事録の冒頭には二件の重要書類が添付されている。『労働週報』が『日刊民衆』に改題・体制変更されることを決定した一九二四年二月二十七日付の公示（組合の公式シールが添付）と幹部の自署サインだ。後者は組合が正式に晩市地方労働会議（VTLC）への加入を承認されたことの批准のようなものだろう。署名者にはT・ムアー、R・ベンゴフ、C・マクドナルド、W・ページらホスト組合側から十数名、いずれもその後の関係に重要な役割を果たす幹部が順不同に連ねている。

日本側からは、岩下今朝弘、兵藤英一、亀岡徳衛、鈴木悦らこれまた十数人が順不同で署名している。梅月の名はない。かれはまだ幹部ではない。梅月が組合に招かれたのは『労働週報』の印刷を大陸日報社から拒絶され、やむなく『日刊民衆』として自社印刷をしなければならなくなり、それには活字職場とともに、印刷工の経験者が必要だったからだ。梅月が離日前に門司で新聞社の印刷工場で働いたことを幹部たちが気づいたのだ。

ＶＴＬＣへの加入には『大陸日報』社の印刷拒否というようなリスクがあったのだ。これを機に自前の印刷職場をもち、『日刊民衆』をたちあげ、組合名を「ローカル31」とし、鈴木悦は大陸日報を退職して『日刊民衆』専属になった。これは悦にも、妻田村俊子にも、梅月にも大いなる賭けでもあった。

さて、組合の議事録はこれ以外にも存在したと思われる。この一九四一年一月以降のものだけが残存しているのは、日本人の「総強制移動と強制収容」が始まるにおよんで組合事務所の閉鎖、資料の整理・廃棄処分がすすむとき、この分だけは残したようだ。『日刊民衆』の全綴じこみも廃棄された。だからほとんど失われた。その際、この議事録・資料のなかから歴史的に重要と思われる『『日刊民衆』発刊の公示」「ＴＬＣ加入の議定書への双方幹部の署名」原本のみは取り外されて、一九四一年議事録の表２に無雑作に糊づけされた。いずれにせよ、これらはその後、九十年間カナダ各地を移動し、さらに私の手元に落ち着くまでよくも無事であった。

議事録は一九四一年の戦時色を反映しているものの労働者全般、日本人労働者の経済力向上を如実にしめしている。夏は後述するオーシャン・フォールズ（日本人はオ村と書いた）の賃金交渉が大舞台だった。欧州でのドイツと連合国との第二次世界大戦の勃発による所謂「戦争景気」で大企業は増産を続けていた。オ村の巨大な製紙パルプ・プラントも好景気で、この機会に過去に喪失した賃金を取り戻そうと国際組合が交渉を開始していたのだ。

こんな時、全カナダ規模の「カナダ労働会議」（TLC）の第五十七回大会が九月、BC州の隣アルバータ州のカルガリーで開かれる。ローカル31にしてみれば、そのチャーター（加入）は「ホスト社会」の一員になった証であり、カナダ労働運動の一翼を担うことになった誇りであり、いざ開戦となればカナダ社会と公式、組織的に繋がる数少ないパイプであった。

これに先立ち、TLCの晩市地区の例会が7月開催、梅月と亀岡が正規の代議員として出席した。この時期の労働者の関心のひとつが徴兵問題で、考え方は「まず、富、産業等の資源が徴発されてから、人的徴兵を実施する」ということ、別の言い方をすれば、資産家の富を徴発せずに、労働者の人材だけ徴兵するのはおかしいということ、ゆえに「義勇的徴募」には賛成ということ。戦争には「徴兵」（ドラフト）の前に「志願兵」（ボランティア）をという論理だ。

また日本人労働者に関連する議題として老人恩給年齢の引き下げと増額、失業保険未加入の中小企業への行政指導の強化、職業病や労働災害への「労災法」の全労働者への適用などだ。森の男たちの負傷、失業、年金は重大課題だ。TLCとしっかりタグをくんで労働条件の向上に確実にしていることを物語っている。組合も梅月も、『日刊民衆』のスタッフも脂の乗ったひとときであったのだ。梅月の日誌にはこの一九四一年初夏のページは何もない。書く暇のないほどの多忙さだ。そして、チブスによる長期入院であった。組合議事録も空白なので、この議事録、梅月の手で作成・管理されていたことがわかる。

そして開戦。

ローカル31の臨時評議員会が急遽、十二月十四日に開かれた。午後二時開会、四時閉会とあり、あわただしく合意事項だけ8カ条にわたって走り書きしてある。出席者は十六名の多数である。

報告には『日刊民衆』の「発行停止命令」の件、亀岡主任の当局への抑留の件、『日刊民衆』再刊を期し弁護士に依頼、その期間、臨時に「運用委員会」設置し梅月、佐田、神野、井上の四人とする、民衆社勤務を梅月ら三人とし、他は自宅待機、家賃等の値下げ交渉など決定。

十八日の「実行委員会」(常設の執行委員会)では、支払いの承認のほか所有するラジオ(短波受信機か)、買い手がつけば処分するなどの資産縮少にもふみこむ。越えて一九四二年一月十一日の会議でも経理、資産など業務が相談されている。引きずっていたのは、組合が全責任をもつと決定していた梅月の長期入院の費用の未払い分の問題だった。そのほか、組合費や『日刊民衆』の購読料、広告費の収入が途絶えたのに事務所維持費その他の未払い、債務の処理で役員達は追われた。議事録をみていると、ほとんど絶望的な財政破綻にもかかわらず、組合は誠実に一つ一つの債務問題を処理していた。

ローカル31、最後まで残務処理し静かに幕を閉じる

一九四二年初頭、組合は会議をかさねて残務をきちんと処理していった。その中には「講」の処理もあった。いうまでもなく、「講」は参加者が順番に積立金を手にして、金額のはる家

庭の大行事、たとえば結婚、家屋の増改築、事業創業などに利用する。本来、組合とは別個のものだが、これも好い加減に終結すると、「講」のメンバーに不公平が生じ、面倒になる。

議事録には「民衆講」というのもあった。労働者同士の掛金グループだから必要に応じて、複数の講にくわわっても問題ないわけだ。二月、三月の「実行委員会」の公式会議のなかでまで、役員同士の「講」の掛金のやりとりが記録されているので、相当厄介な問題だったようだ。

わが梅月は「講」には参加していない。日本での慣習を引きずっているので出身県や地域によって濃淡がある。梅月は組合と『日刊民衆』の活動に専心していた。そのかわり、戦争の非常時で役職員の手当て半減という決定で大打撃となった。入院その他の借金もある。それで「実行委員会」は梅月について「個人的に仕事をして組合事務は昼間だけ」というアルバイトを容認する決定をした。なんとも「むら的」な雰囲気である。

金がないのは組合そのものもひどい。二月二十四日の「実行委員会」では組合員に組合費のほか、「月々の寄付金」の依頼、藤本周太郎委員から「移動準備金として個人的に三十ドルを組合に貸与、期間一年間」という決定もある。

日本人の「総移動」の強制が切迫していた。一月十五日にはBC州の一部を「防衛地域」とすることが、オタワ（中央政府所在地）から発表された。晩市内外やパウエル街にいる日本人は組合や同業団体の協力を得ながらなんとか助けあい、情報を共有していたが、僻地や島嶼の小さなコミュニティにいる家族は大変だった。

ラジオの所有禁止、ガソリン購入はＲＣＭＰの許可制などを指令された。これでは日本人は移動もできない。はるか北方、米国アラスカ州にちかいクイン・シャロット島の日本人ロッガー数家族の苦衷が英字新聞にみられる。政府の発表では、一九四〇年の統計で日本人・日系人合わせて四九二八人が木材関連に働いていたのだ。因みにイタリア系二〇四三人、ドイツ系一六二二人。日本人なくしてＢＣ州の木材産業は成り立たないのだ。それでも追放というのだから、結局、相当数の日本人を再び奥地の山林労働に追い込むことになる。

さて、組合の組織処理の最終局面。財政上の処理、『日刊民衆』の資産としてはまず印刷機と活字の売却であるが、後者は日本語印刷物が禁止されている実情からも買い手の出現は望み薄だったが、急がねばならなかった。書籍取次部の所有する書籍も「売れるものは売る」とした。逆に未払いはヤマほど。給与、用紙など取引先、事務所のレント代、立替え分、いずれも『日刊民衆』社の閉鎖以前の完全解決は間に合わない。

会議が三日とおかず開催されて、三月八日の評議員会ではつぎの決議をした。

「一九四一年度、四二年度の負債は組合評議員全部が責任をもって果たす。署名、梅月、高安、露木、藤本、松下、高嶋、益田、佐田、浜田、神野」

最後まで出席していた十人が署名した。はじめて名前のでる評議員もいたが、いずれにせよ組織はなくなるので、役員の個人で責任を分かち合う以外に解決の道はなかった。『日刊民衆』の再刊や組合の再建にこれから何年かかるか分からなかったが、また日本人の運命がどうなるか見通しはなかったが、幹部たちは個人や家庭の負担以外に組合運動の借財を全員が個々に背おって広いカナダ大陸を四散してゆかねばならないのだ。

日本人の沿岸部からの立退き期限は二月二十六日と発表された。三月四日には、これらの日本人を管理する政府機関としてBC州保安委員会（BCSC）が設置され、同日、行き場のない日本人を一時収用する「トランジット・キャンプ」が晩市内「ヘスティング・パーク」にオープンした。博覧会の会場にもなった広々とした空間だ。組合幹部も組合員も経済的な事情のあるものから櫛の歯が欠けるように政府が用意した道路建設、木材ミャンプ等へ移動していった。

三月二十一日の組合最後の評議員会には、佐田、梅月、高嶋、藤本、益田、神野の六人だけが出席している。財政は結局、多少事業を手がけている大月、山家、藤本らが個人で二百ドルから五百ドル立替えて終了、役員個人が責任をもってかれらに返却することにし、政府統計局、州労働局などの行政機関、上部団体のTLC、政党のCCFなどへ、閉鎖と、そののちの処理をきちんと連絡して、組合は一九二〇年からの二十二年間の幕を降ろした。

『日刊民衆』最大拠点オーシャン・フォールズでは

晩市から会社の船でも二日はかかるとされるオ村は北米の製紙労働者の誇りの職場だ。世界有数の大規模な近代的な製紙パルプ、チップのプラントで米国の大資本の自慢の工場でもある。資本は合併や買収でご他聞にもれず多国籍企業になる。BC州ではオ村のほか、パウエル・リヴァー、晩市市内にも施設をもっていたが、晩市工場は一九四一年八月にはTLCのオルグによって組合が組織されて「国際パルプ製紙工組合」に加入、「ローカル433」となっていた。

この企業の製紙はすべて一種のユニオンショップ制のコントロールになったことも誇りであった。その結果、労資の交渉権は有利になり賃金・労働条件は抜群になっていた。労働生産性も先進的装置と熟練した技術力で高かったのである。

日本人は多いときで五百人以上、優れた指導者と労働運動の経験、結束力で独立の国際製紙パルプ工組合「ローカル３１１」を名乗った。だが「31」とはひとつの双子組合のようであった。「３１１」は『日刊民衆』の大部数の読者集団であり、安定した就業により『日刊民衆』への強力な財政支援団体であった。

梅月高市は一九三八年夏にこのオーシャン・フォールズをたずねている。組合は別組織だが、『日刊民衆』の「支局」的な人物にあい、工場の様子を取材し、またいうまでもなく読者の拡大をはかるためである。取材記事は早速一九三八年九月から六回にわけて連載された。これで、様子が全カナダの日本人に伝えられた。

さて往路はＣＰＲ鉄道の子会社ＣＰ汽船の直行高速船で二十五時間余の船旅だ。汽船は晩市を夜出港して、ジョージア海峡をキャンベル・リヴァー沖合あたりまでは夜行、そこで朝をむかえる。ここからは音戸瀬戸のような狭いくねくねした瀬戸を長時間航行するので昼間の操船となる。夕刻、波止場につくと、すぐ知人、友人十数人が出迎える。二瓶熊吉、内田一作、安浦茂の細君、梅月の妻千代の兄の増井夫婦、太洋印刷所で『労働週報』を刷っていたころの仲間露木弥吉らだ。

この記事からみると、『日刊民衆』はガリ版だけでなく、活字で印刷した時期があったようだ。『日刊民衆』社員は当時の財政力からいってホテル滞在でなく、組合員の家庭に居候しての活動が一般的、梅月も義兄の増井家に旅装を解いた。社宅だが、豊かなカナダらしく一戸建ちの新居で客間もあった。

オ村の労働者は国際情勢などニュースに飢えていた。祖国日本の「日満支」の状態、近衛首相の対外発言、外務省の情報部長に栄転したかっての晩市領事・河相達夫の在外日本人への発言の真意、カナダの労働運動、『日刊民衆』のことなど、知りたいことはたくさんあった。

なかでも、日本領事館が対ホスト社会対策としてたちあげた「時局委員会」への疑問、不信は相当強い。委員会として集めた寄付金の総額や使い道が不透明であることへの質問が相次いだ。日本政府の関連民間機関は、大衆的な集金システムの側面を持っているが、ときが戦時だ。かれらは、はっきりしたことはわからぬが領事館などの「機密費」として使われた疑いがつよいと思っていた。すでに述べたことだが、『ニュー・カナディアン』を立ち上げる際、東信夫らに援助したのにも含まれる。菊池孝育の『岩手の先人とカナダ』の中でも、日本のカナダへの宣伝活動として、領事館の「謀略」をにおわせている。

梅月は書いている。

「時局委員会が排日対応のために、如何なる運動をし、対応資金がどういう風に使われているか、オーシャン・フォールズの人々のみならず、日本人が皆知りたがっている。遺憾ながら、私はどこでも説明できない。私自身も知りたい一人なのだから」

排日という国際問題にどう対処するか、残念ながら日本の対外公館はお手上げだった。いつものことだ。そればかりか、「時局委員会」という名前の非常時の団体をつくり日本人から資金を吸い上げたが、使途などはっきりしない。それを『日刊民衆』は衝いていたのだ。不明朗、不透明さは日本の行政の体質であった。

比較的安定した仕事に就いていたオーシャン・フォールズの日本人は「時局委員会」にも『日刊民衆』にも相応の寄付をおしまなかった。梅月は「『日刊民衆』社の財政問題まで心配してくれた」と感謝の思いを記している。

一九四一年末、『日刊民衆』社は幕をとじたが、オーシャン・フォールズのことについて、カナダの研究者G・ハクが二〇一一年にはじめて研究書をだした。私とハクとの出会いからこの会社町のことをもう少し書きたい。

第16章 『日刊民衆』側、再刊運動続ける

『日刊民衆』研究のゴードン・ハクとの出会い

『日刊民衆』と「ローカル31」の調査でバンクーバー島南端のヴィクトリア市で調査している時であった。大学資料室で参考係の職員に『日刊民衆』と「日本人キャンプミル労組31支部」のことでと質問していると、背の高い白人の青年が隣に立っていて驚いたふうに私に声をかけてきた。かれも同様の質問をライブラリアンに投げかけようとしていたのだ。これで、私達は知り合いになった。

二人ともこの世に自分以外に『日刊民衆』や「ローカル31」のことを研究しているものがいるとは思いも及ばなかったのだ。二人は自己紹介し、研究の足跡を述べあい、今後の展開を示しあった。そのうえ、ハクの小さな自家用車でヴィクトリア市内や大学、自宅にまで案内した。妻と二人暮らしで、大学の助教として博士論文に取り組んでいた。その後、互いに発表した学会誌の論文の抜刷を交換する、おきまりの研究者の交際となった。

ハクは二〇一一年になって、博士論文である『BC州山林産業での資本と労働――一九三四―一九七四』を上梓したのだ。それ以前にも『森林からドルへの転換――一八五八―一九一三』(二〇〇〇年)を出版して木材での労資の研究をライフワークにしている。私は森を大切にしようというハクの論調が大いに気に入った。

二つの本はカナダの基幹産業でありつづけている山林事業での労資問題を論じたものとして学会誌などで高い評価をうけたが、前者では日本人労働運動に言及しているので注目したい。とくにバンクーバー島のグレートセントラル地区と西海岸のオーシャン・フォールズ地区は大資本の施設所在地で、また日本人山林労働運動の拠点として、私もたびたび扱ってきた。ハクも同様だ。

山林産業では製品から輸送、販売まで地球レベルの広大なネットワークと巨大な資本投下を必要とするため、工業先進国の英米の大資本に握られているが、森の労働は別だ。遠隔地、厳しい気候、危険な作業のため同じ白人でも北欧や東欧の新移民労働者の格好の就労口となった。ハクによればフィンランド人移民によりOBU(急進的な運動)系最初の組合LWIUが一九二四年に生まれてから山林産業へ多大な影響をあたえた。労働者たちは、「ウオビー」「ランバージャック」「ロッガー」と自身をよんで胸をはり始めた。移民労働者たちは言語、信仰、食事等の別から、だいたいエスニック・コミュニティごとに集団生活をして社宅等を形成していたが、ハクの研究の優れている点は、このエスニック集団の労働問題だ。

東欧、黒人、先住民、アジア系の集団を分析した。バンクーバー島のほぼ中央にあった「グランド・セントラル製材」のアジア系労働者を下表のように示している。

戦争とともに日本人は皆無になり、その欠員を中国系で補填したが、さらに白人で補ったことになる。一九三八年四月の日本人会調査では、グランド・セントラル地区の日本人は四十二戸、男性五十二人、女性二十八人、合計八十六人とある。合計数が合わないが理由は不明。安定した就労体制をうかがわせるのは、職種にドライキルン部門、搬出部門などの責任者や準責任者もいたことだ。だから加籐勘十を梅月は連れて行ったのだ。

シークというのは、インド西北部の一エスニック集団、インドが英連邦の一員のため、いまもシーク系をカナダ各地にみかける、中国系といってもこれまた英連邦との関係で香港など南部がおおい。

日本人がゼロになる一九四二年四月、カナダの労働力全体では、白人も兵役等で非常に窮屈な補充なので、一九四二年十月には、女性の現業労働への採用が始まり、翌一九四三年夏までには女性労働者の人数は一四六人に達した。これは全従業員の過半をこえる。

この製材所ばかりではないが、戦争遂行のため全カナダの各産業で白人女性の進出が進んだ。各地の強制収容所や指定地に「抑留」された日本人の女性にもいえる傾向で、女性の一層の自覚、役割、自立性の促進にプラスに働いた。

	1932	1936	1940	1942(4月)
中国系	28人	54	50	71
日本人	42	47	34	0
シーク（印）	32	49	31	36
アジア系	102	150	115	107
全従業員	166	276	274	285

グランド・セントラル地区などポート・アルバーニ湾に面したプラントは海外への輸出をめざした大資本の投資先であり、米英、加、日本資本も出資した模様だ。それに対して、晩市など内陸部の七五〇におよぶ中小の製材所などは「地場」資本が主流で、伐採のあと植え替えた樹木もまだ若い。内陸部ではそれだけ資本の労働者にたいする労働条件等が厳しく、労資紛争は絶えなかった。

組合はＩＷＡ（国際木材労組）という米国に本部のある古いもので、一九四八年まで左翼の支配下にあった。私が何度か面会したＩＷＡ晩市地区の責任者ペリーによれば、組合は伝統を重んじ、資料もよく整理されていた。オーシャン・フォールズは国際製紙パルプ工組合がにぎっていた。日本人はその「ローカル３１１」に属したことはすでに述べた。

オーシャン・フォールズの日本人異聞

ハクたちカナダの労働史研究者の仕事はここ十数年かなりすすみ、とくに日本人をふくむエスニック労働者への言及がおおくなった。とくに黒人労働者や先住民労働者の問題への踏み込みはごく最近のことである。

大変面白いことだが、ＩＷＡも製紙パルプ工も大工労働者もいずれも「国際」（インターナショナル）を冠しているが、「世界」を全然意味しない。これは米国国境を越えたという程度のことだ。なぜ「国際」かというと、米国資本がその工場や事業所をカナダ国境を越えてカナダ側に開発したことに始まる。せいぜいカリブ海や中米の米国影響下の国への進出に組合が従ったまでである。前にも述べたが、左翼第三インター系の「プロフィンテルン」の浸透を防いできた。

戦後は組合運動も米国からの自立に腐心してきたが、悪いことばかりではない。一例が一九二九年前後の「大恐慌」時、米国のルーズベルト大統領の「ニューディール政策」の一環として生まれた「労働関係調整法」は米国の労働者からカナダの労働者へと波及した。

また、戦後は黒人への人権問題から、差別の撤廃がやはり影響しているし、エスニック集団の問題として先住民（カナダではファースト・ネーションとよぶ）問題が木材労働運動にも及んだ。黒人、ラテン系の音楽、舞踏などの文化的な影響の享受もプラスとみられている。

さてハクらによって「陽の目」をみるオーシャン・フォールズについて梅月の長文のルポがある。梅月は一九三八年夏、ほとんど一ヵ月にわたって北方各地の日本人キャンプを訪問した。これは労働者の休日となるレーバー・デーも入っての夏休み気分も否定できない。オーシャン

・フォールズの景観描写がある。

前にも点描したが、会社町は入江からはじまる。太平洋から西海岸に楔を打ち込むように入り込んだ「フィシュアア・チャネル」の入江の奥に上陸地点がある。埠頭の左側が居住区、入江をはさんで右手に発電所、プラント、倉庫、外洋船の埠頭等がある。居住区はスロープに労働者住宅が点在、一段と高いところに自治会館、語学校、図書館の新ホール、手前に旧会館で碁

・将棋の談話室や娯楽室が配備されて、日本人キャンプとしては破格の設備投資がなされている。それだけ、企業の生産性・利益率も高く、労働者に安定観をあたえていた。

組合組織率ほぼ百％だから、自治会館は組合運動の拠点でもあった。梅月のルポから、オーシャン・フォールズでの日本人労働者の生活や活動を再現するとこうだ。

組合（国際製紙パルプ工）支部は白人居住区の労働者住宅の一軒の一室にあり、「片隅に板をならべ厚紙をしいた大きな机が置いてあり、四、五脚のチエアとベンチがあって周りの壁には告示その他をはりめぐらせ、粗末すぎるほどのところ」、日本の単位組合の事務所とそっくりである。

問題は組合費の徴収である。現代の日本のように企業別組合によるチェックオフ（給料からの天引）ではない。一人ひとりの自主的な納入なので週2日、役員が机に座って納入・徴収手続きをする。日本人は日本人部として徴収しているが、白人部の二日間の業務日に手伝うという。

領収書がわりに「ワーキング・ボタン」というリボンや組合員徽章をつける。梅月は見学した工場内でもこの双方を身につけて互いに連帯感をあらわしているが、ひと昔前なら会社から上陸拒否されただろうと書いている。オーシャン・フォールズでは中国人の一部に組合加入を拒んでいるものがいるが他は全員が加入していて組合の影響力の強さを感じたという。

それればかりか、梅月のような他所者にも工場見学させ、木片チップから、次々に加工して、新聞用紙や上質紙になって出荷される一貫装置産業の先端技術まで公開したことだ。カナダの用紙は高級品で知られる。化学薬品の添加を抑えてバージン・パルプからの製紙が可能なのは安価な電力料金が自前の発電所によって供給されるからだ。実際に見学して前年に成立した労働協約の細部が理解できたという。この労働協約交渉、会社の管理部のある晩市でとり行われたが、その際、バンフォード支部長、ロバートソン幹事、アラム書記などと、日本人部の二瓶、安浦ら幹部も同一の汽船に乗船していて、晩市では梅月らの支援と懇親を受け旧知の仲であった。新協約で賃金、ボーナス、ペンダー、ブラックスミスなどの技術工への手当て、女子労働者などすべてで賃上げになった。

だが、労働法で定めた白人と日本人とのあいだの差別賃金は撤回・是正できなかった。なにしろ最低賃金法で差別し、組合もその撤廃に熱心ではなかった。労働者の心理の底流にやはり人種差別は残っていた。

梅月は都合二週間、オーシャン・フォールズに滞在、『日刊民衆』の支局役の佐藤、樺山牧師、親戚の増井、二瓶、内田、安浦、佐久間太重（組合監査役）の娘の私宅、その他、活動家の家を片っ端からとまりあるき、夕食を共にし、魚釣りをし、講演・座談会・懇談会、数知れずであった。戦争直前のよき時代であった。

オーシャン・フォールズのあと、さらに汽船で一昼夜かけてカナダの北限のスキーナ河まで足をのばす。この河は鮭漁で知られ、梅月がカナダ到着早々に鮭取りの季節労働をしたプリンス・ルパートが最大の町。スキーナ河に沿ってポート・エドワード、ポート・エシングトンと日本人コミュニティがならぶ。漁業、缶詰、木材が主な産業で、白人、日本人、先住民がそれぞれ集落をつくっていた。

「ローカル31」の支部はなかったが、日本人ウオッツビーはいたし、点在組会員や『日刊民衆』の読者はいた。これらの小さな町をあるき、日本人の家庭に宿泊させてもらい、鉄路でも工事用の「スピーダー」に便乗し、小規模の講演会で「時局」を語って、読者や組合員をふやしたのだから、一九三八年は良い年だったろう。

五セントの昼食代でパウエル街にがんばる

さて、開戦後の晩市パウエル街の日本人の日常に戻ろう。

数十年にわたって生活・生業を築いてきたコミュニティを破壊され、取り上げられるのだから尋常ではない。でも、おおくの文献、カナダ政府側の調査、聞き書きでも、日本人は驚くほど沈着であった。これは日本人として誇りに思う。騒ぎは一切なかったと言ってよい。『日刊民衆』のスタッフ、梅月ら組合幹部の努力に負おう。在来の「日本人会」の役割も無とは言わないまでも大きくなかった。なぜなら、主な幹部はほとんどＲＣＭＰ（国家警察）にしょっ引かれてしまっていたからだ。

一九四二年三月、開戦三ヵ月、カナダの日本人締め付けのメルクマールとして車両と漁船の処理がある。車両といってもレジャー用の自家用車は1両もない。漁船同様、生業のための事業動産だ。運送、タクシー、配達用の事業用唯一の資産ともいえる。その放棄が命令され、三月九日までに五一九両の車両が日本人の手をはなれた。

カナダ政府は高速道路建設に生活に困った日本人労働力を投入する準備を着々とすすめた。西海岸にばらばらに住んでいた日本人をまず晩市に集めた。バンクーバー島などの島嶼にいるものは軍が関与した。晩市内のヘスティング公園の万博施設が収容集約の第一歩とされたのは新聞にも大々的に報じられた。そこから近くの大陸横断の私鉄（ＣＰＲ）や国鉄（ＣＮＲ）晩市始発駅で列車に載せられ東へ向かうのだ。

梅月は仕事がないため「日誌」には毎日、天候、来客、手紙の往信・複信、電話、打合せ、新聞ニュース、デマ、家事などの見聞を事細かに記録している。新聞編集はしていないが、連日多忙だ。これも記者の習性だろう。今となっては、『梅月新聞』を読むような思いだ。

二月から三月にかけての梅月の重要な活動を要約してみよう（読者の理解のため文章を私が加除した）。

二月七日土。岩下、亀岡両君、ベンゴフに色々と助力を得ている由。

同九日　マキニス（代議士）より依頼している件、親切なる返事着。『民衆』のこと、今しばらく待つほかないと。岩下、亀岡君等、今朝ＣＰＲにて（労働キャンプへ）出発、バンフのキャンプとのこと。家族の寂しさに同情。

増井喜幸義兄より長文の来信、僕の「赤貧」に心配、妻に苦労をかけている点を指摘。妻・千代に手紙を見せる前、「結婚に後悔、赤貧のこと意向をたずねてみたい」

同十日　今日は僕の誕生日、四十四歳。心ばかりの夕食を家族一同と共にするだけでも幸福というべきだ。

同十一日　午前中は家にて薪割り、藤本より民衆社で見舞金四十ドル受領。増井喜幸へ返書、「労働運動はあくまで信ずべきもの」だ。

同十二日　マキニス夫人より重ねて来信、『民衆』日本語での再刊不可、英語のみ可という。それでは要をなさぬ、之で望みの綱は切れたようなもの。さすがにがっかりだ。

同十三日　朝益田君らを訪問、極度の節約ぶり、昼は概ね5セントで済ます、コーヒーとロール食。『民衆』ガン張るべきか、否か！

同二十四日　過去十日間　日誌もつけぬ。忙しさよりも心づかいの多きためだ。日本人の処分確定的、昨夜百、今夜百という出発進行中、午後の組には林庄作君あり。今後の組には丸山、高岡、露木、佐久本君も出発しなければならない。昨夜、オーシャン・フォールズの佐藤、内田君出発。パウエル街も心配顔の日本人で人出多きも、やがてゴースト・タウンと化す事だろう。

同二十五日　午後益田君とベンゴフ幹事を訪問。オタワの様子は?、『民衆』については望みなし。ワークキャンプの条件につき説明し、種々依頼。ＣＭＷＵ（ローカル31）の状態を説明し会費を納入、今後も続けること約す。ベンゴフは「かかる事態の下、我々の方からヘルプせねばならぬ時代」と。ベンゴフは我々の誠実さを称揚、

同二十六日　日本人全部の日没後の外出禁止令発布。国防上の見地という理由、日本人総体の追出しで漁夫の利を占める者の策動、「輿論が賢明なる者によって導かれない」、無辜の悲劇が迫ってくる。晩市を退出すべきか否か、今相当に迷う。

同二十七日　日本人立退きの事態は愈々急迫、少なからず不愉快。

三月一日　午前組合役員会、午後団体代表者会、明朝ゆかねばならぬ者その他多数の傍聴

者で満員、四方に立ちはだかる。委員会をつくり交渉委員が当局に交渉のこと、集団移動はいまや不可避。明日出発組―委員会明朝に間に合うか、否か、殺気立つ空気さえあり。
同二日　朝雨、井上喜十郎など今夜ヤスパーへ出発。誠に慌ただしき別れだった。井上氏の店に益田と共に至り、山岡来て講の事片付け、小沢善助立ち会う。高山長太郎、本日より井上の店に働く。青山より10ドル借用。今朝の船でオーシャン・フォールズより二瓶君等出晩、永田秀夫君も乗り合わせ。
同三日　今日一日、井上のカー売り交渉、幸いよい値で売れる事になったのでよかった。
同五日　強風吹き快晴。妻あるもの、子供あるもの、当局の書状一本でドシドシ呼び出されてロードキャンプ行きを命ぜられる、まさに之も戦争だから。夜間外出禁止、ラジオ禁止―夜を楽しむ若人たち悩み多し。囚人同様だ。立派な文明国かといいたい。この国生まれの二世に与える精神的悪影響を恐れる。

去就、苦悩する梅月高市。いかに道を執るべきか

梅月の『日誌』の紹介をもうすこし続けよう。日本人を一片の文書で生活の根っこから一人ひとりひきはがして、奥地の山地・道路キャンプへ送り込む、この残酷な時期を静かに観察したジャーナリスト、その静かな怒りの記録だからだ。

梅月自身、去就をきめかねていた。パウエル街を離れて、ロッキー山脈を越えて働きにゆくもの、政府の「勤労動員」（自主的と徴用とがあった）で道路建設にむかうものだ。背景には無

収入となっての生活苦があった。梅月も五セントで昼食をとり、友人から十ドル借用などが日誌にある。カナダの貨幣の最低は一セント（ペニーという）だが、さすがこれでの買い物はできないが、五セント（ニッケルという）で食べられたのだ。私も米国留学時代の一九七〇年代、一ドルで朝食（コーヒーとパン一切れ、少々のジャガイモ）の経験はある。そういうレストランがあった。百円ショップならぬ、「十セント（ダイムという）ショップ」で日用品を用立てた。単身留学だから出来るようなもの、一九四二年の梅月には妻も三人の子供もいた。

それでも、パウエル街にがんばったのは、『日刊民衆』や「ローカル31」を投げ出したくないだけでなく、同胞を見守り、政府とのパイプを使いこなそうとしたのだ。沈みゆく汽船の船長にもたとえられる。また、その人脈、知識、責任感から『日刊民衆』の関係者だけでなく、無力化していた「日本人会」（一世）、JCCL（二世）、帰化人会（梅月もその一人）、そしてカナダの政府側、マキニスのようなCCFの国会議員、労働会議の幹部同僚その他と頻繁に連絡し要望を伝えあった。たぶん、この時期、これが可能な人物は梅月をおいていなかったろう。

この活動が『日刊民衆』や日本人リーダー、梅月自身の八方ふさがりに見えた状況を切り開く、新しいポストと仕事を用意されることになった。二世の英字新聞『ニュー・カナディアン』での日本語ページの開設とその編集責任者の仕事である。この経過の数週間を『日誌』で解き明かそう。

三月六日　今日も知った人が道路キャンプに向かって出発した。出発に対する心の用意が日一日と出来てくる。

同七日　ＣＣＦのターナーとグリフィン両氏来社、移動問題に不公正ある場合、矯正方に援助する旨と。

同八日　午前評議員会にて『民衆』整理決議。如何に戦時とはいえ十八年間続いた『日刊民衆』を閉幕するには大きな感慨があるべき、何もかも焼く。午後は再び代表者会議、結局また〈再出発〉を願うということ、策動のため引っこんでいた沖広に会う。

同十日　高岡、露木、土井等道路キャンプに出発。

同十一日　二瓶、松下、浜田、出発。列車まで見送る。

同十二日　民衆工場片付け、埃だらけになった。夕刻雨、内田一作、太田三男、川口多次の諸君がプリンストンに向かった。

同十四日　日本人「××委員会」（原文）がぐずぐずしている間にＳＣ（政府の日本人管理機関）の方は着々行動。今朝教会の清水牧師の所でミス・ヒョウドウらと会い児童教育問題で会合。『民衆』財産整理、片つく。

同十五日　役員会、『民衆』後始末の報告決議。ミシン（印刷機）類を持ち去った跡の工場のさびれ方は廃墟に似る。感慨ある筈なのに、感傷起こらず。帰途、高江洲宅に至り子供らとともに夕食、自分のハウスは売ることにしたが高江洲のは「セール」した思い。

今日は我々の結婚十二年目の日、得たものは三人の子供だけ。

梅月日誌は三月いっぱい、パウエル街の日本人が不動産、動産、家具類の一切を順次「セール」（安売り）のように売り払い、家族と離れて道路キャンプへ向かうさまが毎日書き込まれている、梅月も家を引払い、身辺をかたずけ『民衆』社の整理をきちんと処理し終わった。『日刊民衆』が後世に残らないのは、三月八日、文書を焼き払わざるをえなかったためだ。このあと梅月らジャーナリストが臨時に足場にしたのが『大陸日報』社であった。『大陸日報』は自社ビルで、社長の山崎寧は日本に帰国していた。娘のみどりと夫、岩崎与理喜が残って管理していた。新聞印刷はストップしたが、社員は出入りしていた。梅月も『民衆』の記者たちも悪い関係ではなかったからだ。ここが自然日本人のアポや打合せ場所になった。

三月末の日誌をみると、ベンゴフ、レフォー、ウイッチら白人側との接触が増し、自然英語に強い安浦茂、日高桜州らが表舞台にでてくる。一世の減少したパウエル街でカナダ国籍の「帰化人会」や二世の会の動きが目立ってくる。梅月の家計は困窮したが、いま暫くパウエル街にとどまって日本人の安全な退去を見守ることにした。

三月二十九日に「帰化人会の代表者会議」に出席のあと、ＲＣＭＰに出頭して滞在許可を求めている。すでに日本人の滞留許可期限は過ぎていたのだ。組合の顧問弁護士のレフォーに依頼した滞在許可が四月一日に支給された。梅月の活動が組合運動から日本人全体の援護、二世や帰化人に軸足を置く方向へ変わってきたのだ。大きな転換である。

第17章　『日刊民衆』の仲間たちが一応の決着をつける

『ニュー・カナディアン』、拙劣な日本語記事

一九四二年三月は梅月高市にとって身を切り刻む辛い想いの時期であった。パウエル街の日本人は歯が欠けるように消えてゆき、ＢＣ州全体の各地日本人コミュニティや居住島嶼のネットワークのハブの役割を担ってきた梅月の存在そのものがもつ意味が決定的に高くなっているのに非力であった。

かれが長い沈思ののち、『ニュー・カナディアン』新聞の編集に移ることになった時、同紙はＪＣＣＬ（二世の団体）の機関紙だが編集・経営とも不安定で晩市を中心にした二世の僅かな男女に事実上無料で配布されていた英文紙であった。ＪＣＣＬは開戦直前に四人の二世活動家、教員の兵頭ヒデコ、計理士の小林ミノル、歯科医のエドワード・バンノ、大学講師のＳ・Ｉ・ハヤカワによって主導されたが、新聞はＴ・Ｋ・ショーヤマ、東信夫らジャーナリズムに知識のある別の仲間たちの仕事であった。少部数で不規則な発行だったが、唯一「日系」の新

聞ではあった。スタッフたちは、早くから英文新聞から日英両語のバイリンガル新聞を模索していたが、皮肉にも開戦でその機会が巡ってきた。二世といっても、約四割の帰加二世は日本文のほうが読みやすかったからだ。

ＪＣＬ自体、晩市在住の二世の二割くらいしか組織されていないとケン・アダチはその著書『ザ・エネミー・ザット・ネバー・ウォズ』（一九七六年）の中で推定している。『ニュー・カナディアン』で強力な情報活動はどだい無理なはなしだが、梅月はこれを『日刊民衆』がない以上、大事な武器にする可能性があると睨んでいた。こういう危機の時代、人はちょっとしたことで動き、また梃子《てこ》でも動かぬものである。二世もそれぞれ人間としての歴史や誇りがあった。晩市を離れて、家族をおいて内陸の道路建設キャンプや「戦争債券」の購入に進んで参加したグループと頑として拒否する連中もあった。

二世だけでなく、現地でもすんなり受け入れたわけではない。道路建設は軍事的視点からも、当面最重要なプロジェクトだと、政府が説得しても、白人のなかの偏見はすぐ一掃されたわけではない。

梅月日誌にも「二世の百余名のガン張り組に対しＢＣＳＣのタイラーが今朝保障を与えて出発させアントニン行きを納得させた旨」の報告をうけている。梅月はこれら二世の行動を理解しており、二世さえカナダ政府のやみくもな「日本人」への利用に反撥していたのだ。ますますメディアによる開かれた交流の必要性を感じるのである。梅月の目論見が正解だったことは間もなくあきらかになる。カナダに反発し、「日本」的な行動をする集団に「ガン張り組」というニックネームが生まれた。

一九四二年四月上旬の梅月は、「二世に物足りなさを感じる」と日誌に書いているように、一世の大半を労働キャンプに送ったあと、ＢＣＳＣとともにパウエル街周辺に残っている二世たちや「帰化人」のとりなしに汗をかいていた。『ニュー・カナディアン』のボスであるトム・ショーヤマは英文ページの編集にヒガシをスカウトしたように、日本語ページの編集に梅月を引っぱった。ＢＣＳＣの行政官も梅月が『ニュー・カナディアン』で働くことに背中を押しているが、一部の二世たちがとやかく言っているようだ。しかし、これは乗り越えねばならない難関の最初だった。これが解決したのは四月八日だったようだ。四月九日の日誌を引用しよう。

「タイラーさん再び〈好天気〉となり、帰化人会に協力方を求む。これで愈々本格的に仕事を始めなければならぬ事になった。ＭＰ（警察）のレポート、十五日にコステイ・ポークへ。『ニュー・カナディアン』で働くことになり、十本のストリーの許可を受け取る。クートネイ・エリアに自由移住の組に加わることになる」

梅月の日誌を補充するなら、『ニュー・カナディアン』で働くことになって、労働キャンプではなく、別途の移住組と一緒にクートネイ（カズロー）へ向かうことになったわけだ。日本人の発言、手紙、メモはすべて当局の厳しい検閲をうけており、梅月が『ニュー・カナディアン』で取り上げたいとおもっていたテーマ十本の記事ドラフトも、検閲を通る必要があったのだ。

記者は日本文で書いた記事の下書きをカーボン紙で複写し、また英文もつけて、ときにそのサマリーも併記して当局に提出した。それがパスして初めて活字にし、印刷したのだ。『ニュー・カナディアン』が晩市市内にある間は、やや手間がかかるがやむを得ず従った。ところが『ニュー・カナディアン』が、晩市をまもなく離れ、内陸深く移動すると、大問題になった。晩市の検閲当局との往復の距離と時間である。

パウエル街での『ニュー・カナディアン』

日本人の集中しているパウエル街は、時期によって広がりが伸縮する植物生態学上の株のようなものだった。一九四一年末ころの日本人街としては歴史的に最大の広がりをもっていたが、それでも中心はバラード入江の南側、渚とＣＰＲ鉄道線路に沿って、順にアレキサンダー通り、パウエル通り、コルドバ通り、ヘスティング通りまでの四本の通りの間、東西では東からメイン、ゴア、ダンレビー、ジャクソンの四〜五本の通りのあいだくらいのもの。

しかも時期によって住民はその外側にひろがり、パウエル街の中心は一種「日本」のショウウインドウだ。日本食、銭湯、医院・助産婦、日本雑貨、日本語新聞、日系団体のオフィス、旅券・キップ代行、通訳・仕事の斡旋、それに短期滞在のためのホテルや「ドヤ」であった。これは、他のエスニック集団もほぼ同様。

『大陸日報』社はカドバ通りに面し中心、『加奈陀新聞』社はひとつ北側のパウエル通り、『日刊民衆』はそこから三ブロック離れたジャクソン通り、とそれぞれ事務所をかまえていた。

『ニュー・カナディアン』を発行するＪＣＣＬはさらに一ブロック東にはなれた、どちらかというと場末にあった。

梅月高市はその東カドバ街二一五番地にある『ニュー・カナディアン』へ通いだすことになる。梅月がここで働くべく、ＲＣＭＰの滞留許可をとり、自宅は処分したため、とりあえず『大陸日報』社に転がり込んで単身生活を始めたわけである。やがて家族は一足先にまず、スローカン・シティとカズローへゆく組にまざって移動することになる。梅月が大病あがりであったことを、家族は慮って自然条件の厳しい転住地に一足先に移住、かくて、六ヵ月もの別居となる。

梅月を悩ませたのは、そして移動が遅くなったのはむしろ日本人・日系人のごたごただった。筆頭が二世、それも「帰加二世」とよばれるグループだ。なぜか、というとこれら二世はカナダ生まれのため、国籍上はカナダ人であったが、少年・少女時代に親の考えで日本の親戚に預けられて日本の教育をうけた。成長するに従い、日本社会に受け入れられていないことに気づきはじめた。

理由はいろいろあるが、日本語が下手なのに、ときおり英語をつかう、マナー、仕草、考え方、コスチューム、食事などに違いがすぐでる。かとおもうと、日米加の生活の豊かさ、文化、習慣、国力、街並みなど比較する。といってカナダの白人とはちがう。そして、なにより両国の間で矛を交えるようになった場合の、兵役問題である。かくて多数がカナダへ戻る。彼らを「帰加二世」という。

カナダへ帰っても白人とはちがう。こんどは英語が下手、家父長的な意識、自身にも弱者・少数者への偏見、「日本人」の血汐という潜在的自負、よくいう「アイデンティティの不在」だ。だからカナダ政府が戦争を理由にした強制移動、強制収容、強制労働となると納得いかない。これらのグループに属する二世のなかには後にも不平、不満、抵抗の問題を引き起こすケースがうまれる。

梅月日誌の一九四一年四月十日に書いている。

「今日は大部分を『ニュー・カナディアン』紙のために費やす。デマ一掃問題は奏効。誤れる小さな大和魂のカケラに禍いされる帰加二世いまだある」

つぎに、四月十二日、以下要旨。

「今日は日曜日にも拘わらず、朝早くから『大陸』で事務多忙、当局への文書など仕事は多くて夕刻まで続く。二日ぶりに家に帰り子等と夕食を共にし、明日発行される『ニュー・カナディアン』の原稿を書きまとめる。自費移動は後で一般からヘンに見られる恐れあるので止めることにする。自分はオンタリオへでも行きたいのだ」

「自費移動」というのは、当局が用意したキャンプにゆかず、自費でカナダ東部の都市へゆく選択。経済的に可能な人にだけ限られた。梅月は本当のところ日本人の集積し、因習の積もった日本町を離れたかったほど、この数週間のごたごたに辟易していたのかもしれない。

梅月のこの自費移動を思いとどまった行為は思案の末の意思決定だったが、賢明であった。およそ千七百人の二世の労働キャンプ先遣隊は全員単身の行動であり、「帰加」もふくめ、二世のその後の歴史にも論点をのこす。戦争末期、日本への送還問題とあわせて「ニッケイ」のなかの対立の活断層としてながくのこる。『ニュー・カナディアン』が一九五九年八月になってＪＣＣＬの歴史を特集したとき、ケベック州にいたジェッシー・ニシハラが長文のレポートを寄せ、キャンプに向かった二世で両親、兄弟、夫婦が別れ別れになったことに怒りを表している。

梅月はどうしたか。晩市に留まって『ニュー・カナディアン』の編集に日本語スタッフとして参加するが、しばらくして妻や子供たちは集団移動でコロンビア河にちかいスローカン谷へ移動する。梅月が一九四二年六月、晩市からスローカン・シティの家族へ宛てた手紙の封書だけがのこっている。当局に開封検閲されたことを示すテープが貼られて。

スローカン・シティとあるが「シティ」（行政上の都市）でも、人口の多い町でもない。谷間の小さな集落である。

『ニュー・カナディアン』紙は英語の不十分な日本人のため日本語ページを創設することになって、梅月が仕事をすることになったが、それはそれで軋轢がうまれたのだ。二世や『ニュー・カナディアン』に批判的だった一世や帰加グループの怨念だ。『日刊民衆』の読者のなかや、すでに労働キャンプで働いている仲間たちへの説得もひと仕事だったろう。

『ニュー・カナディアン』に日本語ページを創設するといっても、記事はすべて厳重な事前検閲を必要とした。これも一苦労である。当局が『日刊民衆』の発行禁止処分を撤回しなかった理由のひとつだ。事前に日本語の検閲が困難だったからだ。

多忙きわめる晩市での新聞発行

『ニュー・カナディアン』自体は、他の日本語新聞が発禁になってから、英文だけでなくなり、政府の発表、告知など日本語で印刷されていたが、大変なシロモノの翻訳日本語だった。だが、週二回刊、一部四十セント、年四ドルとあるが、どのていど徴収されたかは怪しい。発行所もパウエル通り三九六番地、一応JCCLのオフィスとは別にした。梅月を編集スタッフに迎えようとしたのは、日本人が安心して読める日本語記事を必要としたのと、かれの在加日本人のあいだでの信頼、信用、人脈等を取り込もうとしたからにほかならない。

四月十四日の日誌に「無意味なガンバリ組みの親たちが心配しはじめている様子。節度なく付和雷同するものの行くところ少なしだ。感恩の念を現さず高慢となっている多くの者たちが正しく目覚める年を祈る」とある。日誌のなかでも、仮収容所のおかれているヘイスティング・パークに近い市電の停留所から、二十番電車で「色町」へくりだす若い日本人男女の群れへの顰蹙にふれている。

日本人・日系人はだいたい4グループほどにわかれていた。

JCCLで活躍する生え抜きの二世、かれらは政府の道路建設キャンプに軍人とおなじ思いで進んで参加した。開戦時にカナダ軍に所属していた二世もいたが、開戦と同時に除隊させられて、暗然としていた。

同じ二世でも「帰加二世」は逆に、反抗的なものが多かった。アイデンティティを見いだせていないこともあったが、日本帰国中に「無敵帝国陸海軍」の神話が刷りこまれ、カナダへもどっても以前にも増しての日本人への偏見・差別に怒りをもっていた。加えて、開戦緒戦での日本軍の勝利に沸いていた。無線機も没収されていたが、入手も組み立ても簡単で「東京発・同盟通信」のニュースにことかかなかった。この「同盟ニュース」は戦時全期をつうじて日本人のあいだの分裂に寄与した。

年配者も、日本贔屓のグループ、梅月のように「帰化」組、どちらでもないが、日本帰国を諦め、カナダの土になるべく生業にいそしんでいる大半の人たち、とであった。しかし、青年のように意気昂然とするより、家族のために日一日を精一杯いきるのはどこの国も変わらない。

梅月は『ニュー・カナディアン』で仕事を始めるにあたり、この葛藤のなかにまず引き込まれたのである。『日刊民衆』時代のように、労働組合、労働者のために働くといった単純な姿勢ではいられない。いまや「日本人」として全体の利益と生命をまもるべく全力を尽くすことが求められたのであった。

その間にも、梅月編集参加の『ニュー・カナディアン』が四月十五日発行に至る。この日、親しい友人、数人がオンタリオ州へ向けて出発、「帰化人会の仕事は、ますます忙しくなるばかりだ、最後のところ」と。この日本人たちに手を焼いて「ＢＣＳＣ（日本人管理組織）の態度〈強行〉に傾きたる」と。

晩市に残留していた日本人も歯がぬけるように淋しくなり、キャンプの行き先も、ホープ、スリーマイルバレー、レベルストークとだんだん聞きなれぬ奥地になった。それも、少人数で連絡不足、てんやわんや。こんなこともあった。

見送りのため「ＣＰ（大陸横断のカナダ・パシフィック鉄道）駅に至れどもキャンプ行きの車はヘイスティング・パーク（市内の臨時収容所）下にあり、其処で乗車とのこと、大急ぎで雨中を帰る。ワイフも子供も留守、駈足でパーク下のトラックに急げば、未だ見送り人は雨中に立ちキャンプ行きの人々は開かぬ窓辺によって車中にあり」（梅月日誌）。発つ人は車中に閉じこめられて、さいごの握手もできず、送るひとはみな「文字通りヌレねずみ」という悲しい一日だった。

ＣＰＲ鉄道の駅でない収容所横の線路上に客車をとめて雨中に出立用の臨時列車に仕立てたのである。仮収容所とＣＰＲ駅との距離に比し、ここの方が距離は近かったが、風よけの壁も雨よけの屋根もなかった。当局の都合で出立する冬のあいだ時おり行われた。

送り出しはいくつかの方法があったが、晩市から汽船で一、二昼夜かかる島嶼・半島・内陸の伐採・製材・製紙・漁業などのキャンプから集められてこの仮収容所で過ごしていた日本人たちが順番に送られたようだ。家なし、仕事なし、文なしかそれに近い生活だったわけだから、否応なく道路建設キャンプ等へ応じたのである。

それに対して、梅月、安浦、沖広たちは仕事や日本人との絆や、自宅などの不動産の処分等に時間がかかり、晩市周辺にとどまらざるをえなかった。この間にも梅月と英語の達者な安浦茂らは連日、ＢＣＳＣやＲＣＭＰ、行政府を訪問して抑留日本人の扱いについて具申し、また情報を集めた。

翌二十二日の梅月日誌、「新しく四人分のメンバーのパーミット・エクステンション（滞留許可延長）を得たので、もう一仕事する事になる。『ニュー・カナディアン』発行、沖広君来りて、僕が同紙に書いている事を文（章）を見て知ったと告げた。文筆には敏感な彼というべきか」（括弧内は田村の補筆）とある。長い親友の間柄である。

梅月とその仲間たち、晩市に別れを告げる

梅月が編集に加わったため、政府の公示を英日両文で掲載するだけという日本語から、オリジナルに書きおろした日本語のページの『ニュー・カナディアン』が生まれだした。日本語の新聞作りに人材増強するため、池野宗助のような人物もキャンプ地から逆に晩市へ送り返されてきた。これ一つとっても、『ニュー・カナディアン』は政府の厳重な統制のもとに発行されたのである。活字はもともと池野が使っていたものなのだ。

日本語新聞は英文より困難であった。英文は簡単なタイプライターで用がたりた。日本語では和文タイプライターか膨大な鉛活字が必要だ。『日刊民衆』等を廃刊させて機械や活字を処分させたため、のこるは『大陸日報』社のものだ。ここも印刷職人は生活のために、道路工事のキャンプに携わらざるをえなかった。

梅月の晩市での生活、家族ともどもの団欒、友人との歓談の時期は愈々終わりにちかづいていた。再び日誌の記述を借りよう。

「四月二十三日　夕刻帰りがけに土屋一氏と一緒になり、大隈千助氏と共に夕食。土屋氏は淡々たる男、事業が手に着いた所で戦争になったのだ。彼の友人高橋儀平氏と非常な目

にあったわけだ。土屋氏の人柄大いに気に入る」

この三人の名前、梅月の交友で初めてでてくる。パウエル街で男たちが少なくなったこともあるが、梅月が労働運動という長屋の中から、日本人コミュニティという広場に出てきたことをしめしている。三人とも実業家である。

「本日、『ニュー・カナディアン』のために終日働く。娘のマジョリーの八歳の誕生日、近隣の子も参加したパーティ。近隣はいうに及ばず、どこへ行っても何等不愉快な空気は受けぬが、日本人として移動しなければならぬとは！」

近隣の白人の子供の友人をさしているようだ。

「四月二十五日、『ニュー・カナディアン』発行、終日出かけている。僕がどうなるか、未だ確定せず。キャンプの便りに何処でもフロントが沢山いる事が見て行きたくなくなる。春は愈々近いという気候だ。でも寒し、時々変わる」

梅月の晩市にしがみついての『ニュー・カナディアン』発行と日本人援護の仕事、活動は不安定で、もうぎりぎりであった。

第18章　森の男たち、新聞機材を背負ってロッキー山脈の麓へ

静かにバンクーバーを離れて行った日本人

一九四二年五月には「日本人」が生まれ、育ち、生活していた晩市周辺から、彼らはほぼ姿を消した。日米がハワイで戈を交えてからほぼ半年というのに電光石火のカナダ政府の措置だ。日本人がこの街をきづくのには、およそ七十年間を要したというのに。戦争はこうしてひとつの移民の心身をひきさく。ここで「日本人」というのは、カナダ政府が一くくりにした「日本人」の祖先をもつという意味だ。カナダ政府もこのころになると、無神経に「レイス」（人種）という用語をつかいだした。

さて、梅月、『ニュー・カナディアン』での日本語ページ作りの仕事は無事スタートした。これで、疑心暗鬼だった英語の不自由だった「日本人」たちの間の態度は激変した。ともあれBCSC（政府の管理局）の指示や意図は少しずつ理解され始めた。『ニュー・カナディアン』に発表される政府の公示は命令調で、生固な日本語訳文、前後の事情もなかった。日本人が反

撥しただけでなく、流布しているデマを増長しかねない。日本軍の「第五列」（破壊工作員）が潜り込んでいるという、白人側の反日的なデマと、日本からの短波による「同盟通信」を傍受してまだ移動を拒んでいる日本人を唆すごく少数の日本人との間で梅月らは苦闘していたわけだ。

ともあれ、双方とも不慣れで不信があった。カナダ政府にしても日本語の巧みなカナダ人の人材は皆無にひとしかった。米国はいち早く対日戦に備えて軍に語学兵を準備していた。民間からの召集も、石垣綾子、八島太郎、カール・ヨネダら日系左翼も対日戦に巻き込んだ。開戦とともに金門橋の付け根にあるプレシディオ基地で白人兵を主にした「陸軍日本語語学兵養成学校」を開設、のちにミネアポリス基地などで数万人の日本語の語学将兵を養成した。米海軍も別個に教育機関を設けた。

これに対してカナダ軍にはそうした用意は立ち遅れていた。日本語の検閲や翻訳は日本に滞在した経験のある牧師や研究者を探し出して投入するていどだった。のちに米軍に倣って語学兵の養成にのりだすが、開戦当初は一部の二世や梅月等が頼りで、それも日系人に全幅の信頼をしていたかどうか疑問だ。

ともあれ、『ニュー・カナディアン』のなかの平易な日本語記事を読みだしてから、日本人たちが落ち着きを戻したことは疑いない。梅月の手になるオリジナルの日本語記事が掲載されるのは四月十五日号からである。この日、四頁の新聞のうち最後の一頁全部をつかって、梅月は渾身の力をこめて「日本人全体の利益のために、深慮をはらって行動せよ」という論説を書いた。もちろん、当局の事前検閲を通過したものだ。体裁といい、見出しといい、数ヵ月前までの『日刊民衆』の労働組合的な言い回しで、読者はすぐ梅月のものと悟った。

内容はこうだ。晩市にいまだ残留する日本人の最大の問題は家族の安全だった。だから老齢者、妻子を帯同しての移動にこだわっていた。先発隊が向かった先は、人里離れた山中の道路建設や森林伐採キャンプだった。家族の健康、教育、生活で心配する日本人、とくに一世や帰化人、帰加二世の抵抗はすさまじかった。指導者のひとりは森井悦治だ。右翼的な考えだったが、日本人会で信望はあった。さすが、政府も何度も沿岸部からの立退きを告示したが、強引に引き離すわけにゆかず、3月末現在、なお数千人が居残っていた。

たとえば『ニュー・カナディアン』の三月二十八日号には日本語の大きめの活字で日本国籍者は三月二十七日を限度に移動を命じ、違反者には五百ドルの罰金と一ヵ年の懲役に処すと脅迫的に告示したが、実効的だったかどうか疑問だ。だいいち新聞は期限とされる翌日の日付だ。その後、何日間も晩市内の日本商店の広告が掲載されているのだから、矛盾も甚だしい。

ＢＣＳＣ（当局）も、婦女子を安心して移動させるように腐心していたのも確か。三月二十五日には次のように公式に約束した。

①政府管理のキャンプの日本人労働には基本賃金一時間二十五セント、大工その他の技術者には三十五セントまでの増額。

②妻帯者へは月二十ドル、最初の子供へは五ドル、次は四ドルの手当て。

③すでにオンタリオ州の木材キャンプへ移動したものは当地での標準賃金。

④ヘスティングパークに残留を余儀なくされている家族への金銭・サービス面での支援。
これらの情報が『ニュー・カナディアン』に日本語で公表され始めると、日本人たちも落ち着きを取り戻しはじめた。いずれも梅月ら『ニュー・カナディアン』編集スタッフの努力の結果であった。

内陸奥地の廃村・廃屋の修復と受け入れ準備

まだ残留している日本人家族を安堵させたのは、先発隊としてキャンプへ向かった単身者たちからの現況を知らせる通信が『ニュー・カナディアン』に掲載され始めたことだ。いつの時代でもデマや流言飛語を打ち消すのが活字の威力だ。それも知人の日本語の報告記事は効果的だった。『ニュー・カナディアン』（三月二十八日）に掲載された流言にはこんなものがあったようだ。

「オンタリオ州におくられた二世は外国に出征させられたり、タンカーの乗組員にさせられた」

その他、賃金、児童は同行不可の可能性、婦女子への扱い、住居の問題など、よくない噂にひきずられやすい。
なんといっても住居への安心感を醸成することだった。そこで、カナダ政府は準備・計画の情報を新聞で開示することにした。まず、約六千人の婦女子を収容するべく、現在は廃墟になっているBC州東南部のいくつかの町や村の空き家の修理に取り掛かった。

道路建設キャンプ以外では、やはり人出不足をきたしていたアルバータ州やマニトバ州の砂糖大根栽培農地には、晩市東方のフレザー河平地のミッションやコキトラムなどで農業に従事していた農家がおくられたが、各家族には住居一戸があてがわれた。農地からの収益も公表された。移動のための情報・準備、選抜は日本人農会の自治にあるていど委ねられる。

ＢＳＣ（管理局）も、積極的に、移動先の安定性や居住性を『ニュー・カナディアン』に掲載させて、残留者への啓蒙をはかった。オンタリオ州シュライバーの農業キャンプ地へ到着したＤ・ワタナベという二世から「全て順調」という英文の寄稿をした地元週刊新聞の記事を日本語に翻訳して『ニュー・カナディアン』が掲載した。

内容は移動の列車は人口四百のシュライバーに到着、荷物は検査もなく全部ＯＫ、町には映画館、銀行、郵便局など一通りそろい、町民も友好的、住居はクッキング設備などまだ充分でないが、食糧は充分、水道・電気も近日整備される、「我々は、カナダ人であり、各所に散らばってカナダ人と友誼をむすびたい」。この最後の部分は、二世はじめ、カナダで根をはろうときめた日本人の大事な合意であった。

アルバータやサスカチュワンなど大平原の諸州を横切った東部の農場や製材所への最初の移動グループは二世の青年が口火をきった。同年代の白人青年は徴兵法によって前線へ送られていることを考え「同じカナダ人として」国家に尽くすという思いから、また労働力の「国家選抜徴用制」という銃器こそ携えなかったが、動員法のもとに召集されることになるのだ。

二世の大半はまだ独身か、家族がいても、こどもは幼かったものから出発していった。それに反し、一世の日本人は教育期のこども、英語やカナダ人との付き合いの少ない妻や両親を抱えての移動であった。政府は十八歳以上の男子は三月三十一日までにＲＣＭＰ（国家警察）のバラック（三十三番街の駐屯地）に出頭すべし、違反者は「五百ドルの罰金と一年の懲役に処す」などと強面で布告したが、数千人の日本人を強引にしょっ引くことなど不可能であった。第一、東部や移動先の施設が整わない。

『ニュー・カナディアン』の梅月らは、行政の強引な布告も日本語にして報道したが、森井悦治を代表とする「一世の日本人保安委員会」、「二世委員会」、「帰化人会」等の日本人集団の動き、折衝、移動先の情報もこまめに伝えて、不穏や不安をときほぐした。ヘイスティングパークに残留している女子供たちへの支援、相談ごとを「二世会議」のボランティア活動も窓口になっている。

森井と梅月らは、労働運動をめぐって厳しい対立を繰り返してきたことがあったが、いまでは「同胞」として手をたずさえねば生きてゆけない。極限状態になっている日本人も思想や世界観だけで「人間的」に生きられるかどうか、試されているような晩市の日本町の黄昏であった。

梅月日誌も晩市の終幕を悲しそうに記録している。四月二十六日のこと、晩市を離れるいろいろなグループ、集団がお別れパーティを開いていた。梅月も家族を連れてある婦人の会合に出席、「当事者の心情の憐れさ、下劣さに驚く。会を金目当てとは。日本人らしくもなし」と嘆いている。ぎりぎりの状態で、このように見られる態度を執った者があったとしても責められない。

四月二十九日、『ニュー・カナディアン』発行、本日から大陸日報にて印刷、雨　降り始めた。明三十日、マイホーム移動するにつき、家の中をかたづけ」と日誌。大陸日報印刷の五月二日号を開いてみると、前日にリルエットからの先発隊の「グッドニュース」と梅月が日誌でメモした通信がさっそく印刷されている。フレザー河上流に位置するリルエットは晩市から東北百四十キロほどの町で、全体からみれば遠い地点ではなかったが、一部の日本人にしてみれば、少数の先住民「リルエット」族が住んでいるだけの「未開」の地という先入観もあった。それだけにこの小さなニュースは安心感をもたらした。

実は、リルエットは古い歴史のあるコミュニティであった。鉄道が整備される前は、主に馬車や馬の背が民間人の交通手段であったが、フレザー河沿いに狭いカリブ道という道路が建設され「カリブ馬車輸送」の会社がその仕事にあたった。リルエットはその始発駅で、五十マイル、百マイルごとに駅が設けられた。だから今日も「百マイルハウス」「百五十マイルハウス」といったユーモアある村の名がのこっている。ここに十二名の先発隊が行ってカナダ政府から資金・資材の供給を受けて住宅建設にあたり、それが完成しだい順次、家族を迎えるというものだった。

初期の移動は、「①自活移動」「②道路キャンプ」「③抑留キャンプ」に大別され、縁故その他でBC州をこえて東方へ早めに向かった組もふくめ、「自活移動」と呼んだが、リルエットもこの部類だ。

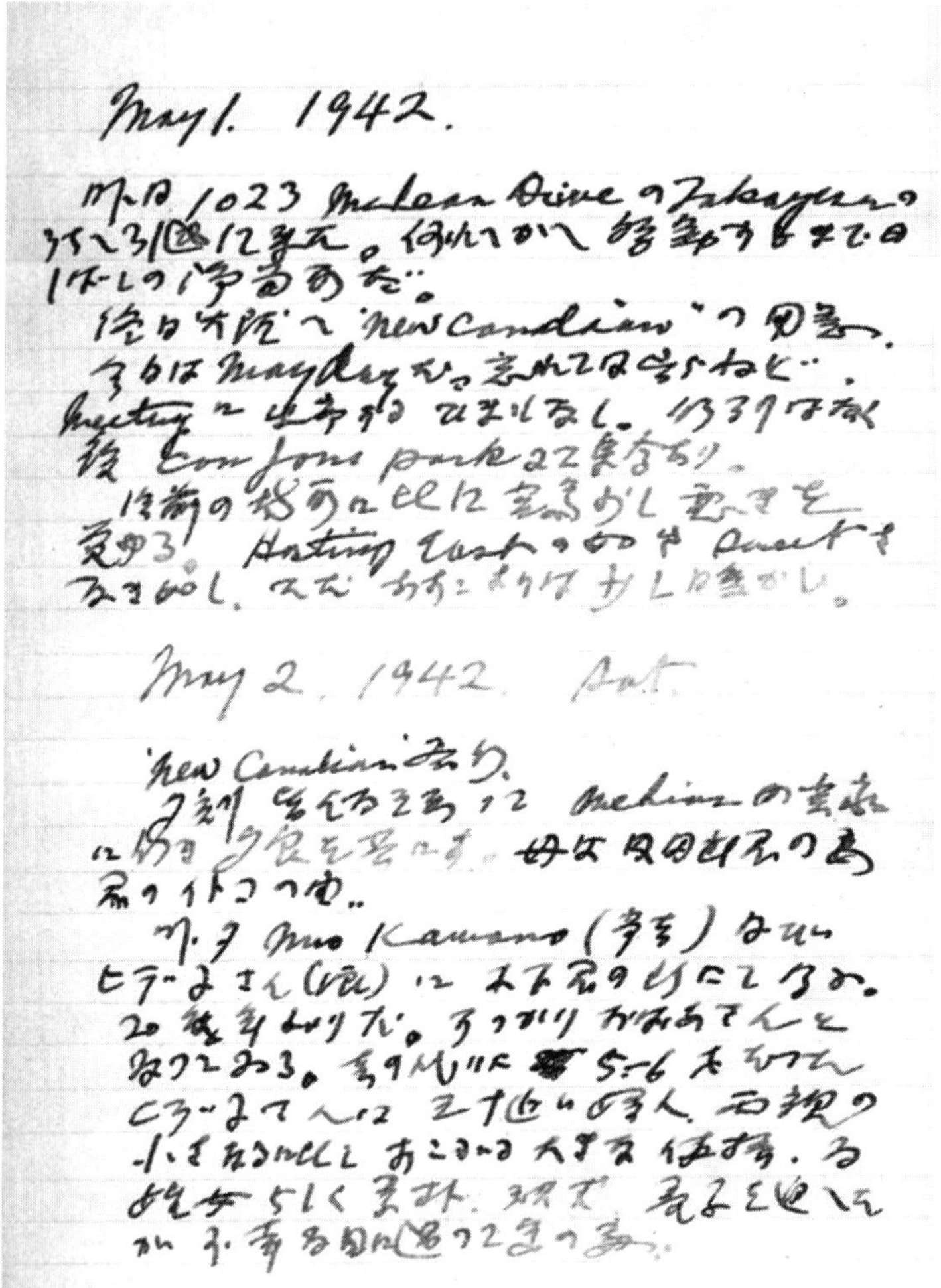

May 1. 1942.

May 2. 1942. Sat.

梅月日誌　1942年5月1日

この前記の交渉は梅月も属している「日系帰化人会」が、移住予定者の希望も聞いて、当局から勝ち取った諸条件が貫徹したものだ。なによりも家族の安全と生活の平穏をもとめ、早く生業を取り戻したいと願った家族の集団だ。

この前後の『ニュー・カナディアン』の中身を検討してみると、日本語ニュースが断然増え、内容も当局の布告をそのまま掲載するのでなく、『当局発表』によれば、という客観的なニュース仕立てに編集してあった。当局の発表が梅月ら日本人の眼を一旦通過しての記事として読者に安心感をあたえた。移住地へ到着してからの日本人の手になる通信・記事はとくに信頼感をもって食い入るように読まれた。

政府・BCSCの狙いも成功したといえるが、それも読み込んで、『日刊民衆』（すでに発禁中だったが）から『ニュー・カナディアン』へ移った梅月の計算も当を得ていた。選択が正しかったのだ。読者は『ニュー・カナディアン』を自分たちの新聞と次第に位置付けるようになった。

『ニュー・カナディアン』も移動する日本人の最後に出発する準備に入った。それはちょうど沈みゆく「パウエル街」丸の船長が最後に船を脱出するかのようであった。

クトネーの谷間をめざして

カナダ政府は初期の最大の収容先として、さらに東方のタシメ、グリーンウッド、そしてコロンビア河上流沿いの平地スローカン地区、カズローの村々の整備を急いだ。いずれも、廃墟にちかい伐採地や過疎地でのバラック急造や廃屋修復である。梅月の家族も一足さきに出発していた。梅月はレントのきれる四月三十日、雨中を五年間住み慣れたヘイスティング街の家を離れ、マッキン通りへ転居した。家賃を考えての臨時的なものだろう。その際、隣人のマセソン婦人へ書籍四ケースを預けている。裏の九十五歳の老婦人にも挨拶、「ボロハウスも別れるとなると懐かしい」とこの2番目の日誌はおわっている。梅月はこの家に二度と帰ることはなかった。これは彼だけではない。

一方、クトネー平原のカナダ人はこの施策をどう受け止めていたか。戦争初期、日本軍はハワイのほか、香港、マレー、シンガポールの英国の海外領土を攻撃して成果をあげていた。これらの領土には英連邦軍に編入されていたカナダ軍からも参戦しており、とくに大量の捕虜をだした香港では、カナダ兵の処遇が気になっていた。BC州も同様だったから沿岸部の日本人の内陸移動政策はひとごとではなかった。

クトネー地方の中心都市のひとつ、ネルソンで発行されていた『ネルソン・デイリーニュース』は開戦初日から日本人に大きなスペースを割いて記事にした。現在でも人口一万人に満たないネルソンは一九九〇年代に日本の放送局OBが中心になって生まれた語学カレッジがおかれ相当数の日本の若者が留学したので馴染みの日本人も少なくない。山あいの小さな都市で木材以外これといった産業はないが、この新聞は一九〇五年創刊以来、連綿と発行されているので、近郊の町・村で、読者の安定した支持はあった。

日本人の集団は道路キャンプ等で着々と東へ移り、この地方にも迫ってくるかに見えた。

「カリブ道」（カリブ・トレイル）のときも同じだが、道路建設じたい住民には期待する一大事業であった。日本人が道路建設キャンプをはって「ホープ～プリンストン」間、「レベルストーク～イエローヘッド」間とつぎつぎに立派な道路を建設していることは、ＢＣ州民にとって歓迎すべきことだったが、コロンビア河へどんどん迫っていることは一面薄気味悪くもあったのだろう。これらの道路は今日ではカナダ経済に不可欠な高速道路として利用されている。

『ネルソン・デイリーニュース』は一九四二年三月二十日の記事で「日本人の受け入れは困る」というカズロー町の有力者たちの声を取り上げた。勝手と言えば勝手であった。これは一例である。

カナダのように小さな都市では、地元の新聞がほとんど唯一のメディア情報源で競争紙がないため、地元民を意識面で縛る効果は高い。その情報が口ずてに広がるなかで、拡張強化されるのは教科書通りである。主として白人の地元民の不安は、日本人には戦慄となってこだまする。

そこで、『ニュー・カナディアン』の役割がある。四月十日の日本語と英文の記事で、グリーンウッドの空き家修理ですでに日本人から選抜された大工が仕事を開始、六十歳以上の老人百名、婦人三百名、児童六百名を収容する。さらにカズロー、スローカン、サンドンと工事予定とある。これで、ヘスティングパークに留まっていた日本人はおおいに安堵した。

大陸日報の社屋は、ニュースの発信だけでなく、直ちに残留日本人の個別の移動準備の窓口になった。子供たちのために、図書、玩具、洋品の寄付も呼び掛けられた。移動後の生活保障のために「帰化人会」はＢＣＳＣとの団体交渉権をかちとったことも、日本人の不安一掃に役だった。

ヘスティングパークから、一千人が移動したあと、すぐまだヴァンクヴァー島に残っていた五百人余の日本人はユニオンベイの港から特別仕立ての船で晩市に到着、さらにチマイナス、ダンカン、ウッドファイヴァーから次々に送りこまれた。これらが、特別の問題もなく整然ととり行われたのには、ひとえに『ニュー・カナディアン』の功績であった。

わずか、二、三ヵ月で数百ヵ所の日本人コミュニティや村から続々と晩市をめざした「大民族移動」はカナダの歴史にのこる偉業であった、カンバーランドやスチブストンのような大きな村から、日本人数所帯の名もなき島嶼、山間の製材所から、システマティックに移動できたのは、なんとしても『ニュー・カナディアン』による情報の正確な開示、伝達があったからこそである。その大移動にあわせて、親身に相談にのる窓口もヘスティングパーク、大陸日報社のほか、「富士チャプスイ」で知られたパウエル街の日本食堂内など何か所も開設され、それが『ニュー・カナディアン』紙上に発表された。

とくに、急な移動で生活に困窮しないように、女性や高齢者にはヘスティングパーク内で食事等の給付を団体交渉で実現させている。施設内パートのような仕事の世話もした。

同紙（四月十八日）によれば、四月末までに、だいたい晩市への終結は終わったようである。その四月二十一日到着のＢＣ汽船会社の最終便の日本人集団の四八六人の内訳をみると、ほんとに小さな小さな集落を日本人はつくっていたのだな、と思わずにいられない。

ダンカン　　　　　　一一九人
バルジ　　　　　　一〇四人
ヒルクレスト　　　四〇人
シャニガンレーキ　七人
クロフトン　　　　七人
レッドギャップ　　七人

いずれも、バンクーバー島南端の小さな村や集落だが、いくつかの地図でも、どうしても今日見つからない地点もある。

また、同じ日の夕刻には別のＢＣ汽船会社の小さな船が、さらに不便なソルトスプリングス島、ギャリアノ島などを巡って、百余人の日本人を回収して入港する。

日本人は長い時間をかけて、汗水注いで林業、漁業、農業のために開発した小島や山間から追い立てられたのだ。いったん戦争がはじまると、こういうものである。

カナダ政府は一遍に日本人を動かすわけにゆかないので、ＢＣ州奥地の道路キャンプ、ゴーストタウンの空き家、空き地でのバラック建設など見通しができた順に、晩市の日本人を移動させた。ヘスティングパークはその中継点であった。ここも、収容に限度があるため、順次移動で出て行くと、その空きに島嶼や遠方から集合させるといったトコロテン式のプロセスをとった。

一九四二年四月ともなると、最終段階にはいっていた。梅月らは、その決着をみて自らも立ち去る算段だった。晩市に比較的近いハウサウンド地区という海岸のウッドファイバー、ブリタニアビーチの材木産業の基地に働く日本人が組織的移動としては最後の部類だったろう。五月六日夕刻、ユニオン汽船会社の便で二百五十人が晩市に到着した。

まもなく、梅月はじめ『ニュー・カナディアン』のスタッフは機材を肩に晩市をたち、ロッキー山脈東麓、コロンビア河の渓谷にひろがるクトネー平地の新しい拠点に遷都してゆく。

森の男たちは、カナダの大平原を東へ東へとあゆみはじめる。預言された大地を求めるかのような五千キロ、六年余の長い旅のスタートであった。

あとがき

私は、人生の大部分、五十年以上を大学人として過ごした。ここで知識だけでなく、師、同輩、教え子という何千もの人々と巡り合った。学外でも、豊かな人生経験をもつそれ以上の人数の友人をえた。

考えてみると、社会学徒としてかなり多彩な関心をもち多様な研究に手をだしてきた。学問を始めるきっかけを用意してくれた荒瀬豊、香内三郎、高橋徹、竹内郁郎、日高六郎ら東京大学の同じ研究室の教授からは、書物の上の知識だけでなく、調査の方法論や研究倫理、歴史への姿勢を学んだ。東京大学では思想、ジャーナリズム、労働価値、社会運動のもつ歴史的意味を考察した。のちに留学したカリフォルニア大学ではエコロジー、社会集団、エスニック・アイデンティティ、都市化、コミュニティ・メディアなどのフィールドに足を踏みいれた。

また、北京の大学で学んだ年月には、権力の盛衰、民族移動、文化の多様性、少数民族の強靭性などにふれた。おりから「天安門事件」、「社会主義市場論」にゆれる街や村を観察した。「天安門事件」に加わった学生たちも一緒に学んだ。

大学人とは不思議なギルドで、国家の垣根は低かった。講演、学会発表、トーク、調査で、コルドバ（アルゼンチン）、中国西南師範（四川）、ハリファックス（カナダ）、チュラルンコン（タイ）、全南（韓国）、その他インド、英国、オランダ、インドネシア、多分百にちかい海外の大学と縁をむすんだ。どこでも、必要な要人や研究者が親切に応対し、質問に答え、資料室を解錠してくれた。

関西のキリスト教関係の大学で教鞭をとったあと、四十歳のとき哲学者の荒川幾男が新学部創立のアイデアを示して、国分寺にある東京経済大学に招いてくれた。小規模の大学だが、明治三十三年（一九〇〇年）、大倉喜八郎が設立、学問を重んじる教授陣に、わたしはひどく気に入り定年までつとめた。

一九九二年、東京経済大学にコミュニケーション学部という名前の新学部を創設、その初代学部長になってから、多忙をきわめた。書にかじりつき、靴底をすり減らしたフィールドワークが懐かしく感じたが、この分刻みの多忙さは歳周りとあきらめた。

「コミュニケーション」とはなんだろうか。別の用語で **Verkehr** という奥深い概念がある。人と人のあいだには情報交換、協働の作業、ものの交流、男と女のあいだの次世代つくりの協力も、はいる。人類史としてみても、人が移動し、ものが運ばれ、情報や観念が伝えられる。人は種々の理由でボーダーを越える。

「移民学」という研究分野を提唱し、学会を創設、その会長役も引き受けた若い時代があった。しかし、考えてみると「移民」とは「労働力の国際移動」である。しかも近年、国境というボーダーを乗り越えて働きにでる傾向は世界的である。これを「ＩＭＷ」（インターナショナル・マイグレーション・ワーカー、国際移動労働力）として受け止める国が多くなった。どこに定着してエスニック・コミュニティを造るかは結果の一部である。現在、全世界が当面している「外国人労働者問題」、または移民労働者問題の歴史は意外にふるい。労働者を送出する側、受け入れる側、双方に共通している。

本書は端的にいうと、カナダにおいて「外国人労働者」であった日本人の移民労働者の含蓄ある運動、「キャンプ・ミル労組ローカル31」の人間物語である。組合本部はバンクーバーの日本町、通称「パウエル街」においていたが、一千人余の組合員と、その数倍の家族はカナダ西部海岸のブリティッシュ・コロンビア州の百をこえる島嶼、入江、山間の木材伐採キャンプ、丸太・筏運搬作業所、製材所、パルプ・チップ、製紙プラント、木工職場等に散らばって働いていた。白人の間ではランバージャックとか、ロッガー、ウッドワーカーとか称されていた「森の男達」であった。ここでの産物はカナダ経済を支える最大の輸出品の一つ木材製品であった。

「森の仕事」の特殊性から、危険で季節性が強く、つねに移動や分散性をともない、言語ごとに少人数ずつにわかれてキャンプをつくった。その上、カナダはなおかつ、外国人労働者に頼る率が大きかった。外国人、ここでは日本人労働者は、言語、習慣、信仰等から独自のキャンプや職場をはることが多く、そのうえ、労働契約、生活拠点、作業分担など英語に堪能な「ボス」とよばれる日本人請負師に率いられることになる。ヨーロッパやアジアからの移民労働者も同様である。

くわえて、賃金格差、労働条件、日常生活などでの厳しい人種差別、人間的偏見、排斥に直面していた。ここに、日本人労働組合が発生し、なかでも「キャンプ・ミル労組」は最大で、最強であった。カナダの労働運動の全国組織に加入、それでカナダ風に「ローカル31」（31支部）のチャーター（認証）を得た。これを指導したのは作家の鈴木悦であった。その経過はまことに偶然、ドラマであった。

鈴木悦は早稲田大学在学中から、島村抱月の薫陶をうけて、おりからの文学思想である「自然主義文学」のグループにぞくしていた。『早稲田文学』その他の雑誌に田山花袋、島崎藤村、武者小路実篤、与謝野晶子らとならんで、多数の作品を発表するかたわら翻訳、小説を世にだしていた。また萬朝報、朝日新聞の記者として多数の作家と交際していた。

その一人に当時流行作家だった田村(旧姓佐藤)俊子がいた。その田村俊子とただならぬ恋におちいり、ついに二人はそれぞれの伴侶、家族、仕事、名声をすててカナダへの逃避行となった。ふたりをカナダで迎え、受け入れたのはバンクーバー市で『大陸日報』を経営していた山崎寧であった。鈴木は早速、主筆として力量を発揮し、文芸欄を担当する田村(やがて鈴木姓に)俊子はその令名により、同紙の紙価を高めた。

おりから、世界はロシア革命の影響に揺らいでいた。カナダでも労働運動が高揚、日本人労働者もまきこまれていた。鈴木・田村がこの日本人労働運動に協力することになり、やがて『大陸日報』を退社、労働者の『日刊民衆』の専属編集長に転出する。ところが、鈴木は一九三二年、激務等から病をえて治療のため一時帰国、そのまま帰らぬ人になった。鈴木なきあと引き継いだのが移民労働者で鈴木の「秘蔵っ子」梅月高市たちだった。ここから一九四一年十二月の太平洋戦争勃発による発行禁止・組合解散まで、梅月とその仲間が『日刊民衆』を武器に日本人労働者のネットワーク、運動をささえる。

『日刊民衆』に名前の残る百人におよぶ幹部、編集、営業、広告の仕事で団結する「社員」のすべてが移民労働者であり、木材産業の上流から川下までの職場ではたらくランバージャック達であった。かれらは、賃金や労働条件の引き上げを求める通常の労働運動に携わっただけではない。外国人、ことに日本人への差別、排斥と戦い、太平洋戦争の開戦後はカナダ政府の生活、生業の破壊、強制収容所への収容、人間としての諸権利、安全の確保のために挺身した日本人であった。そして、戦後、各地に「日本町」をつくった。

本書執筆の機会となったのは、この「キャンプ・ミル労組31支部」の夥しい議事録などの原資料、梅月高市編集長たちの個人日誌、労働者たちの報告書、書簡、メモ、加入していた白人の上部機関との折衝記録、『日刊民衆』のバックナンバーなどの資料との一九八〇年前後の出会いである。そのテーブルを設定してくれたのが、同僚だった色川大吉であった。日本の労働運動で、約二十年間とはいえ海外で日刊新聞を経営していた例をほかにしらない。

この『日刊民衆』を軸に外国人労働者であった日本人がいかにホスト社会に受け入れられ、尊敬を集め、「カナダ人」になっていったか。一書にまとめたいと念願していた。ところが、海外留学から帰国してみると、勤務していた大学で学生部長、新学部の学部長、大学院教育の責任者、大学の理事とつぎつぎと要職がかぶさってきた。いくつかの学会では会長等の役目も引き受け、こころならず行政の審議会等にもひきだされた。

資料を分析し、国内外の文献を補充して執筆にかかったのは、退職後であった。はじめて、カナダで『日刊民衆』の活動家と出会った一九七〇年後半から、なんと四十年も経ってしまった。かれらの活躍をドキュメント風に描くと約束してから、じつに四十年の年月が過ぎてしまった。まずもって、その無名の活動家だった老人たちにお詫びしなければならない。

本書はそのカナダの大地に墓標を刻んだ労働者たち、資料提供や聞き書きへの協力を惜しまなかった梅月高市、その多数の同志や遺族、この研究に道をひらいてくれた同僚、同輩、太平洋から大西洋まで大陸をなんども横断して各地への調査に同行して協力してくれた妻・あや子、出版を快諾してくれた芙蓉書房出版の平澤公裕社長、その他、その他、本当にありがとう。また、非力のため重要な事実の遺漏、誤記があるかもしれない。気が付かれた方にはご指摘をいただければ、誠に幸甚である（tamuran@tku.ac.jp）。

二〇一四年九月　傘寿を前に

田村　紀雄

主要参考文献

〔日本語文献〕

新保満『石をもて追わるるごとく――日系カナダ人社会史』大陸時報社（トロント）、一九七五年。

工藤美代子、スーザン・フィリップ『晩香坡の愛』ドメス出版、一九八二年。

佐々木敏二編著『日本人カナダ移民史』不二出版、一九九九年。

飯野正子、高村宏子ほか『引き裂かれた忠誠心――第二次世界大戦中のカナダ人と日本人――』ミネルヴァ書房、一九九四年。

新保満、田村紀雄、白水繁彦『カナダの日本語新聞――民族移動の社会史』ＰＭＣ出版、一九九一年。

田村紀雄『鈴木悦――日本とカナダを結んだジャーナリスト――』リブロポート、一九九二年。

※さらに詳しい参考文献は、同書二九四頁以下を参照されたい。

菊池孝育『岩手の先人とカナダ』岩手カナダ移民史研究所、二〇〇七年。

〔英文文献〕

Adachi, Ken. *The Enemy That Never Was*, 1976. McClelland and Stewaet.

Takata, Toyo. *Nikkei Legacy*, 1983, NC Press Limited.

Ito, Roy. *The Japanese Canadian.* 1978. Griffin House.

Hak,Gordon. *Capital and Labour in the British Columbia Forest Industry, 1934-1974.* 2006, UBC Press.

著　者
田村 紀雄　(たむら のりお)
1934年生まれ。東京経済大学名誉教授。社会学博士。
主な著書／『カナダに漂着した日本人―リトルトウキョウ風説書』(芙蓉書房出版、2002年)、『海外の日本語メディア―変わりゆく日本町と日系人』(世界思想社、2008年)、『エスニック・ジャーナリズム―日系カナダ人、その言論の勝利』(柏書房、2003年)、『国境なき労働者とメディア』(日中出版、1997年)。

日本人移民はこうして「カナダ人」になった
――『日刊民衆』を武器とした日本人ネットワーク――

2014年10月15日　第1刷発行

著　者
田村《たむら》 紀雄《のりお》

発行所
㈱芙蓉書房出版
(代表 平澤公裕)
〒113-0033東京都文京区本郷3-3-13
TEL 03-3813-4466　FAX 03-3813-4615
http://www.fuyoshobo.co.jp

印刷・製本／モリモト印刷

ISBN978-4-8295-0628-8